MADELEINE DE FOUCAULT

Mère Térèse
du Sacré-Cœur

Religieuse de l'Assomption

TYPOGRAPHIE FIRMIN-DIDOT ET Cie. — MESNIL (EURE).

MADELEINE DE FOUCAULT

Mère Térèse
du Sacré-Cœur

Religieuse de l'Assomption

« *Au premier moment, j'ai éloigné l'idée de cette notice... maintenant je suis heureuse, et je serai fière que la mémoire de ma chère fille demeure en bénédiction dans sa congrégation et parmi les membres proches de ma famille. Gardons ce précieux trésor; et surtout que cette courte et sainte vie nous serve d'exemple.* »
(Lettre de la comtesse de Foucault, 10 sept. 1889.)

« *Je voudrais qu'on écrivit quelque chose de bien simple sur cette humble petite Mère qui souffrirait là-haut de s'entendre louer sur la terre. Mais je trouve aussi qu'il est bon d'apprendre à nos enfants qu'ils ont une sainte au ciel qui les aidera s'ils s'aident.* »
(Lettre de Mᵐᵉ O'Diette.)

PARIS

LIBRAIRIE CH. POUSSIELGUE

RUE CASSETTE, 15

1895

Auteuil, 21 juin 1895.

Fête du Sacré-Cœur de Jésus.

Avant d'offrir à ma chère tante de Foucault et à l'Assomption ces précieux souvenirs de famille, une explication nous semble nécessaire.

L'ami fidèle qui, à notre prière, avait bien voulu, aussitôt après la mort de Mère Térèse du Sacré-Cœur, réunir les documents fournis par la piété filiale et fraternelle, et qui, d'une main habile et exercée, avait tracé les lignes de cette notice, ne put, à notre grand regret, achever son œuvre.

Appelé à de hautes fonctions, plus dignes de son mérite que l'humble ministère exercé parmi nous, à cause de sa santé, il nous remit le manuscrit inachevé, nous priant d'y mettre la dernière main.

Nous ne pûmes nous y résigner d'abord, sentant notre impuissance et espérant, contre l'espérance, que des loisirs de vacances permettraient à l'auteur d'achever lui-même l'œuvre commencée. Mais le temps passe, et il nous a semblé que nous n'avions pas le droit de laisser davantage dans l'ombre des pages qui feront revivre parmi nous le vrai type de la religieuse et de la Supérieure selon le cœur de Dieu.

De plus, des manuscrits personnels de Mère Térèse nous ayant été confiés, nous nous sommes permis d'en extraire certains passages qui la feront mieux connaître à ceux qui l'ont aimée et pourront faire du bien aux âmes près desquelles elle a été l'instrument des miséricordes du Seigneur.

Peut-être ces notes intimes ajoutées au premier travail nuisent-elles à la rapidité et à l'unité du récit; mais nous n'avons jamais prétendu faire une œuvre littéraire : nous écrivons pour l'édification et la consolation de notre double famille, et l'une et l'autre regardera moins à la forme qu'au fond et aimera d'autant mieux le portrait qu'il reproduira plus fidèlement l'âme de Mère Térèse.

Et maintenant qu'il me soit permis d'exprimer notre profonde gratitude à celui qui pendant tant d'années a été l'appui, le conseil, et plus encore, le Père de ma chère cousine ; grâce à lui, nous la retrouvons dans ces pages, elle revit parmi nous et continue d'y faire le bien comme au temps béni de son pèlerinage.

Plus heureuse que nous, elle a ravi le ciel, et se repose à l'ombre du Sauveur Jésus. Près de lui, elle n'oublie pas ceux qu'elle a aimés sur la terre, sa mère, ses sœurs, son frère, sa famille religieuse, son couvent de

Bordeaux. Elle n'oublie pas non plus le bon Pasteur qui garda son troupeau fidèle, qui la soutint jusqu'à sa dernière heure et lui ouvrit les portes du Paradis.

Puisse-t-elle avec les enfants de sa tendresse qui l'ont précédée ou suivie là-haut, nous aider à acquitter notre précieuse dette de reconnaissance!

Cujus memoria in benedictione est.

(Eccl. XLVI.)

Nous choisissons ce jour anniversaire de la mort de Mère Térèse du Sacré-Cœur pour remettre entre les mains de Madame la Comtesse de Foucault et de Madame la Supérieure générale de l'Assomption cette biographie de la religieuse qui les a tant aimées. Nous la dédions :

A Madame de Foucault, sa mère selon la nature, de qui elle reçut les qualités de sa race et les premiers principes d'une éducation forte et chrétienne. Nous n'avons pas la prétention d'avoir fait revivre sa fille, autant peut-être que l'eût souhaité son amour. Qu'elle veuille bien cependant agréer ces pages : à défaut d'autre intérêt, elles auront celui de lui montrer sous un jour nouveau sa chère Madeleine, de lui révéler les secrets de sa vertu, et d'accroître, sinon sa tendresse, du moins l'admiration presque religieuse qu'elle lui avait vouée.

A Notre Très Révérende Mère générale dont Mère Térèse fut la fille selon l'esprit, fille aimante, dévouée, saintement fière de sa mère. S'il faut à la vénérée Fondatrice, pour lui garantir que Dieu la seconde, d'autres preuves que les bénédictions visibles répan-

dues sur sa Congrégation et son extension si rapide, nous osons lui offrir ce récit des vertus d'une de ses religieuses. Elle y verra quels fruits de perfection peut produire l'arbre qu'elle a planté et la sève vigoureuse qui l'anime.

Nous savons d'avance que cette biographie doit rester dans les souvenirs privés; la publicité qui lui est réservée est la plus discrète et la moins périlleuse. C'est une famille patriarcale où frères, sœurs, neveux attendent la sainte mémoire, non pour la discuter, mais pour l'encadrer dans leurs propres souvenirs : c'est une famille religieuse qui ne songera qu'à s'édifier de cette vie et à en recueillir les leçons. La responsabilité de l'œuvre n'a donc rien de compromettant.

Du reste, nous devons le dire, il n'est pas de responsabilité plus partagée que celle-là. Qu'on s'en prenne, non pas à celui qui a tenu la plume et dont on a tenu la main; mais à l'ardente et fidèle affection des élèves et des sœurs de Bordeaux pour leur Supérieure. A peine l'idée d'élever un monument de cette nature fut-elle venue d'Auteuil, chacun s'empressa d'y contribuer. Les matériaux apportés de toutes parts étaient pris dans le vif des cœurs. Aurait-on pensé à rien réserver de ses notes, de ses correspondances, de ses souvenirs, du moment qu'ils pouvaient servir à rehausser la mémoire vénérée? On a tout livré, même son âme, son histoire intime pour peu que Mère Térèse y eût été mêlée. Il me semble que cet élan de généreuse confiance honore notre regrettée Supérieure plus qu'aucun autre hommage. Si imparfait que puisse être le travail qui a été nécessaire pour user de ces nombreux témoignages avec la discrétion convenable, Mère Térèse n'y doit rien perdre; son vrai monument est dans les cœurs et dans cette ardente collaboration qu'ils nous ont offerte.

Daigne, du haut du ciel, l'humble Religieuse dont nous avons retracé la vie, bénir ces pages et leur obtenir cette vertu d'imitation qui les rende bienfaisantes. Ce sera sa gloire à elle, et pour nous l'unique récompense que nous ayons ambitionnée. Si cette biographie a l'honneur d'être insérée dans les annales déjà glorieuses de la Congrégation, nous nous réjouirons de penser qu'il reste là un gage quelque peu durable de notre dévoûment à l'Assomption.

Bordeaux, 21 décembre 1890.

I

ENFANCE DE MADELEINE

Madeleine de Foucault naquit à Coulans (Sarthe) le 16 septembre 1845, à l'heure où l'Église chantait les 1ʳᵉˢ Vêpres de l'office du glorieux stigmatisé d'Assise. Son père était le comte Léopold de Foucault; sa mère, Thérèse Pasquier. Double noblesse par conséquent : d'une part, noblesse de robe; de l'autre, noblesse d'épée; et, sans la réserve qui nous est imposée, nous aimerions à saluer par leur nom les illustres ancêtres qui se pressent autour de ce berceau : les uns bardés de fer, chevaliers de l'Église et du trône, fidèles à la royauté légitime jusqu'à braver pour sa cause la mort, l'exil, l'obscurité même; les autres, depuis l'immortel auteur du *Pourparler du prince* et des *Recherches sur la France*, Étienne Pasquier, jusqu'au duc Pasquier, chancelier et membre de l'Académie française, magistrats, jurisconsultes, hommes de gouvernement, ou, pour employer le langage du Pasquier du seizième siècle, « *gens de robbe longue, qui, combien qu'ils ne sceussent conduire les armes, si ne laissaient-ils de cognoistre quand il en fallait user* ». (Lettre d'Étienne Pasquier, IV, 15, à M. de Fonsomme.)

Cette évocation à laquelle il nous faut renoncer aurait cependant sa raison d'être. Qui sait si elle ne nous donnerait pas la clef des contrastes vigoureux qui se sont manifestés dès l'origine dans l'âme dont nous racontons l'histoire? Ne pourrait-elle pas servir à expliquer comment ces énergies ont eu un moment tant de peine à s'harmoniser entre elles?

« Il paraît, racontait plus tard Madeleine de Foucault, devenue Mère Térèse du Sacré-Cœur, que mon entrée en ce monde n'a pas soulevé grand enthousiasme. Mon père, à qui la Providence avait déjà donné deux filles, désirait ardemment un héritier. Il avait même dit plaisamment quelques jours avant ma naissance : Si c'est une fille, je lui tords le cou! Un de mes petits cousins qui entendit la menace s'en émut. La première fois qu'il s'approcha de sa nouvelle cousine, ce fut le cœur rempli de la plus sincère compassion, et me contemplant tristement dans mon berceau, il ne put retenir sa plainte : Pauvre petite! que c'est dommage, mon oncle va lui tordre le cou! »

Heureusement, il n'en fut rien. L'anathème paternel ne devait causer aucun tort à l'enfant qui fut tendrement aimée. Devenue grande, elle ne le rappelait que pour s'en égayer, et aussi pour s'attendrir au souvenir du meilleur des pères.

Une de ses sœurs a écrit : « Madeleine s'annonça dès le commencement comme une enfant charmante de vie, d'esprit, d'originalité. » Vive, prompte aux fines reparties, originale, dans le bon sens du mot, elle le fut toujours; charmante, elle le deviendra, mais elle ne l'est pas encore. Mme de Foucault n'hésite pas

à nous dire que la petite Madeleine avait un caractère
fort difficile, et quelques traits de son enfance nous la
montrent dominante, personnelle, absolue dans ses
volontés. Nous n'aurons garde de dissimuler ces défauts, ils tournent à l'éloge de celle dont nous écrivons
la vie, et nous montrent ce que peut la grâce divine
aidée d'un effort courageux et persévérant.

Lorsque plus tard, Mère Térèse fut chargée à son
tour de la direction des enfants, elle n'hésitait pas à
citer son passé en exemple, y trouvant pour elle-même
et pour les autres maîtresses de sérieux motifs d'indulgence. Voici ce qu'elle racontait dans son aimable
simplicité : « J'éprouvais irrésistiblement le besoin
de dominer les autres; et, comme cet instinct n'avait
aucune satisfaction à attendre du côté de mes sœurs
aînées, je m'en prenais à mon frère plus jeune de
quelques années, et partant plus faible que moi. J'en
avais fait le compagnon ordinaire de mes jeux, et il se
prêtait à tous mes caprices. Ah! comme il valait mieux
que moi! Guignol faisait nos délices! nous passions
nos meilleurs moments avec un petit théâtre que nous
possédions en commun. Bien entendu, je n'ad-
mettais pas même un instant que le premier rôle
appartînt à un autre qu'à moi. J'improvisais toutes les
pièces, je me réservais l'exécution, je faisais danser
les marionnettes, et mon frère n'était jamais que spectateur. Il fallait bien qu'il s'en contentât. De temps en
temps néanmoins, quand la séance se prolongeait, il
se hasardait à interrompre pour dire : — Si tu me
laissais essayer un peu. — Oh! non, non, reprenais-je
vivement; tu ne saurais pas : d'ailleurs, c'est bien plus

amusant de regarder. Alors je recommençais, et mon aimable spectateur regagnait sa place au parterre. »

Que serait-il advenu si le frère n'eût pas eu plus de sagesse et d'abnégation que la sœur? S'il eût revendiqué ses droits et secoué le joug? Ce qui est certain, c'est que la résistance exaspérait Madeleine; au moindre choc se produisait une explosion de colère ou un accès de mauvaise humeur.

Un jour, en plein salon, sa mère ayant jugé à propos de lui faire une observation, l'enfant bondit, sort brusquement, non sans fermer la porte avec fracas, et disparaît. Jugez de l'étonnement des personnes présentes et de la confusion de la pauvre mère. Tandis qu'on échangeait les condoléances et les excuses, la petite révoltée revient à pas de loup, et, l'amour-propre l'emportant sur la mauvaise humeur, sans souci d'aggraver sa faute par une autre, elle approche son oreille de la porte pour savoir ce qu'on dit. C'était bien d'elle qu'on parlait, mais personne ne faisait son éloge, nul ne songeait même à atténuer ses torts. Sa curiosité tint bon quelques instants. « Pas longtemps, ajoutait plus tard la coupable, je me sauvai bien vite et à toutes jambes, guérie à jamais de la fantaisie d'écouter aux portes. »

Au milieu des déceptions et des déboires que lui attirait son fâcheux caractère, Madeleine, loin de se repentir, ne voyait de tout cela qu'une conclusion à déduire : c'est que tout le monde avait tort, elle exceptée! Ses parents, désespérant de triompher à eux seuls d'une nature aussi rebelle, voulurent la mettre en pension. Ils pensaient à bon droit que la discipline, l'exemple, les contacts qui se rencontrent dans la vie commune auraient plus d'effet que leur autorité. Mais ils comptaient sans la résistance de l'enfant : — « Ce n'est pas juste, répondit-elle; mes sœurs ont été élevées à la maison, je veux l'être aussi. » On savait de quelle force de volonté elle était capable, aussi jugea-t-on prudent de ne pas passer outre, et l'on fit venir une institutrice. « Pauvre institutrice! disait Mère Térèse, que d'embarras je lui ai donnés! Ce fut mon bouc émissaire; et de quoi n'est-on pas capable à cet âge sans pitié! »

Voilà bien, n'est-ce pas, une enfant difficile! elle ne paraît pas avoir connu ce que sainte Térèse appelle « le beau soleil des jours d'enfance ». Son premier sentiment en ce monde semble avoir été le mécontentement, le malaise. Dieu, cependant, avait ses vues. Il voulut qu'elle tînt de sa race une de ces natures fortes dont le propre n'est pas de se développer par croissance régulière, à la façon d'un arbuste, mais de se fondre au creuset comme l'or.

En attendant, l'âme de Madeleine offrait l'aspect d'un véritable chaos. Les éléments de choix y abondaient, jetés là pêle-mêle à l'état brut, réfractaires par essence. Aussitôt que la fusion eût commencé, ce fut un tel bouillonnement que la vie ne se révélait guère plus au dehors que par jets impétueux et par explosions. Que sera cette enfant? qui pourrait le savoir encore? La mère tremblait pour l'avenir; mais Dieu veillait et dégageait peu à peu son idéal. Si on eût seulement entrevu son dessein, bien des inquiétudes eussent été épargnées à la famille de

Madeleine, car on souffrit beaucoup de tout cela.

L'enfant souffrait aussi; elle était souvent triste, et il est à croire qu'on s'apitoyait peu sur cet état moral dont ses seuls défauts étaient la cause. Et pourtant un instinct secret avertissait la pauvre petite que, si elle était à blâmer, elle n'était pas moins à plaindre. « J'avais une bonne qui m'aimait et me supportait. Quand je me sentais le cœur gros, je m'approchais d'elle pour lui dire : Paulo, plains-moi, dis!... Et Pauline se mettait à me plaindre, et cela me faisait du bien. »

Nous n'avons pas à nous demander ce que serait devenue cette enfant, si elle eût été élevée comme tant de jeunes filles de nos jours. La comtesse de Foucault comprit vite qu'il convenait d'adopter pour elle un système d'éducation en rapport avec la vigueur de sa nature. Sur ce point, Madeleine n'opposa aucune résistance. Ses goûts répondaient à son caractère et l'austérité des habitudes lui allait déjà mieux que la mollesse.

Au château de Lorgerie, on donnait le signal du réveil à une heure fixe et toujours matinale. Mobilier, vêtements, régime, train de maison y étaient systématiquement réduits à la plus noble et à la plus chrétienne simplicité. « Je suis une campagnarde, disait Mère Térèse : c'est à la campagne que je suis née et que j'ai grandi. Ne vous étonnez pas que mes plats de prédilection soient ceux des paysans. Tenez, si je n'y prenais garde, le souvenir des pommes de terre cuites à l'eau avec quelques grains de sel me donneraient de la délectation!... Le feu dans ma chambre?... je ne l'ai jamais connu. »

Qu'elles sont saines et fécondes ces habitudes austères d'une première éducation! Que de supériorités elles assurent à l'âme et de combien de servitudes elles l'affranchissent! Mère Térèse en garda l'empreinte toute sa vie. Rien ne lui coûta moins que le dépouillement extérieur et les privations inhérentes à la pauvreté religieuse; elle y avait été dressée dès l'âge le plus tendre.

La vie des champs avec ses plaisirs simples et forts, revenait souvent dans ses discours. On se souvient avec quelle vivacité d'imagination elle décrivait les bois sombres de Lorgerie que les loups et autres fauves habitent, les grandes chasses, le retour des chasseurs, la meute aboyante autour du sanglier, la curée au son du cor. Tout cela éveillait en elle des transports, tant elle avait de goût naturel pour les fortes émotions.

Tels furent les débuts de Madeleine de Foucault. Qu'ils soient ou non pleins de promesse, nous n'avons pas à le décider. Mais on peut déjà entrevoir que le type de la femme que Dieu prépare en cette enfant ne doit pas être cherché dans le vulgaire. Ce sera sûrement la femme au cœur viril dont parle l'Écriture : *Fortem virili pectore feminam.*

« J'avais douze ans et Madeleine un peu moins, écrit une de ses cousines, quand nous nous vîmes l'une et l'autre pour la première fois. Mais alors elle était en plein âge disgracieux, et le séjour que je fis

auprès de la chère petite *sauvage* ne nous lia nullement. »

Telle est en deux mots l'impression que produisit
l'aspect extérieur de Madeleine sur sa cousine de Morogues, aujourd'hui Mère Madeleine de Jésus. Vraiment, celle-ci méritait meilleur accueil, car, dans
cette première entrevue, elle venait à sa jeune pa-
rente le cœur et les bras ouverts ne demandant pas
mieux que de nouer une étroite amitié. Ses avances
furent vaines; il n'en resta rien, pas même de la
sympathie.

Ce rapprochement n'eut d'autre effet que de révéler l'opposition des deux natures : opposition plus
apparente que réelle, suffisante cependant pour que
les deux enfants ne fussent pas pressées de se revoir.
Cela durera quelque temps encore; mais prenons patience. La sauvagerie de Madeleine n'est que le résultat d'énergies mal réglées; pour constituer une âme
d'élite, il n'y manque que la coordination, l'équilibre.
Avant peu, va s'opérer une transformation complète, et
alors apparaîtra entre les deux cousines une affinité
profonde, d'où le bon Dieu fera sortir une amitié
plus forte que la mort.

On avait beaucoup compté sur la grâce de la première communion. Le grand jour vint enfin. Madeleine l'avait impatiemment attendu et s'y prépara de
son mieux. Sa famille fut édifiée de sa ferveur, surprise même de la générosité candide de ses résolutions. Elle y déclarait la guerre à son caractère et
voulait à tout prix triompher de son naturel. Mais
hélas! le naturel reparut, et l'enfant resta la même,

sauf une certaine amélioration qu'on crut légère parce qu'elle fut peu sensible, et qui pourtant tenait au fond même de son âme.

Une de ses sœurs, plus clairvoyante, soupçonna d'abord et devina bientôt après qu'un mystère de grâce avait dû s'accomplir en elle ce jour-là. C'était vrai. Dieu avait parlé à Madeleine. Et de quoi? — D'abnégation, de dévouement, de sacrifice. Il lui avait fait entendre au plus intime de l'âme cette parole qui devait être la devise de toute sa vie : *Pone me ut signaculum super cor tuum.* Mais encore trop renfermée au dedans pour avoir même la pensée d'une confidence, Madeleine garda son secret. Plus tard, dans les leçons de catéchisme, lorsqu'elle recommandait aux enfants de se préparer avec soin au plus grand acte de leur vie, Mère Térèse ne manquait pas de leur dire que le premier appel du Seigneur datait pour elle de sa première communion.

Mme de Foucault s'en est-elle jamais doutée? Quoi qu'il en soit, elle eut la joie de voir poindre en sa fille, à partir de ce moment, certaines lueurs de vertu qui donnaient à espérer des jours meilleurs. Ce n'était rien de très remarquable encore, mais il y avait lutte et de loin en loin quelques victoires remportées, grâce surtout à la communion et à des rapports plus intimes avec Notre-Seigneur dans le Saint-Sacrement. L'enfant prit une piété plus tendre, capable d'adoucir un peu sa pauvre petite âme. Suivant les sages conseils de sa mère et l'exemple de ses sœurs aînées, elle s'était de bonne heure accoutumée à s'occuper des pauvres. On s'aperçut qu'elle apportait plus de zèle à la distribution et à la confection des vêtements qui leur étaient destinés.

Madeleine voulut aussi se charger d'enseigner le catéchisme aux petites paysannes qui habitaient les dépendances du château et les environs. Ce ministère lui plaisait par-dessus tout. Elle y goûtait, en plus du bonheur de faire connaître Jésus-Christ et d'exercer la charité, une satisfaction spéciale dont elle se montra toujours avide, celle d'être en contact avec des âmes simples : elle-même était si parfaitement simple! Peu lui importait que la simplicité des enfants du village fût agreste, gauche, rude peut-être, tandis que la sienne était rehaussée par une distinction parfaite. L'attraction n'en subsistait pas moins entre elles.

Ajoutons en passant que, devenue religieuse et plus tard Supérieure, Mère Térèse ne changea pas à cet égard : elle ne fit au contraire que se confirmer dans cette noble prédilection pour les petits et les humbles et s'appliqua toujours à réaliser cette parole du divin Maître. *Estote simplices sicut columbæ.* En 1875, à Nice, où un orphelinat était annexé au pensionnat, elle n'avait pas de plus agréable distraction que celle de visiter les orphelines. On lui accordait de temps en temps cette faveur : « Leur aspect me repose, écrivait-elle; j'aime à les voir simples et gentilles comme à la campagne, cela me rappelle mes petites filles de Lorgerie. »

Le comte de Foucault fut enlevé presque subitement à l'amour et à la vénération des siens, le

13 décembre 1858. Ce coup imprévu blessa au cœur Madeleine qui aimait tendrement son père et qui pensa alors aux chagrins, aux inquiétudes qu'elle avait pu lui causer : ce souvenir fit mieux qu'accroître ses regrets, il éveilla sa conscience, stimula sa volonté; elle se sentit devenir peu à peu moins spontanée, plus réfléchie, plus grave.

Mais pour soutenir ses efforts et hâter les opérations intérieures de la grâce, l'enfant aurait eu besoin d'un guide. Or, sa nature indépendante n'en sentait nullement la nécessité. Elle n'avait eu jusqu'alors d'autre confesseur que le vénérable curé de sa paroisse, et celui-ci n'avait pas réussi à obtenir pleinement sa confiance. Il en était digne cependant; son tact et sa piété étaient admirables. Mais il avait un tort à ses yeux. La sévère jeune fille reprochait au saint homme qui venait de loin pour célébrer la messe et entendre la confession des gens du château, d'accepter ensuite de prendre place à la table de famille, et d'y manger comme le commun des mortels! A son avis, c'était déroger, et l'excuse de la nécessité n'en était pas une pour elle.

Livrée à elle-même, sans conseil, sans appui, Madeleine continua donc à avancer en âge plus vite qu'en vertu. Hâtons-nous d'arriver à la fin de sa quinzième année qui est la date la plus importante de sa vie d'enfant, et racontons *sa conversion*. Oui, *conversion,* c'est le terme choisi dès le premier moment par sa famille elle-même pour parler du changement qui s'accomplit alors en Madeleine. On n'en trouva aucun autre pour exprimer une transformation plus désirée qu'espérée, et en tous cas soudaine et complète. Mère Térèse, elle aussi, aimait à se regarder comme une convertie; c'est d'elle que nous tenons le récit qu'on va lire.

C'était à Blois que la grâce l'attendait. Pas plus que Saul sur le chemin de Damas, elle n'avait le cœur en paix. De quoi avait-elle à se plaindre? Nous ne le savons pas; mais jamais elle n'avait été plus mécontente, plus irritée, jamais elle ne s'était trouvée plus malheureuse. Frappée des torts dont elle se croyait victime, elle était à peu près dans l'impossibilité de songer aux siens, quand le souffle de Dieu la poussa dans une église. Elle entre dans un confessionnal, le premier venu. Or, la Providence avait appelé là un prêtre, homme de mérite et d'expérience, qui écouta avec bonté les plaintes de la jeune fille, et à travers son trouble et sa parole émue, discerna vite des qualités peu communes de droiture, de fermeté et de bon sens. Lorsqu'elle eut fini sa confidence, le prêtre lui dit d'un ton grave : « Vous vous plaignez de n'être pas aimée, mon enfant : êtes-vous bien sûre d'être aimable? » Ces paroles furent pour la pénitente un trait de lumière. Dominée jusque là par un sentiment de personnalité, elle n'avait pas encore compris que la vie est un échange de services et de mutuelles concessions. Il faut donner pour recevoir : pour se rapprocher et s'unir, il faut consentir à s'incliner, à se laisser pénétrer, à se sacrifier même quelquefois.

Voilà une philosophie bien élémentaire. Nous ferions injure à l'intelligence de Madeleine en supposant qu'elle ne la connaissait pas ; mais la conviction efficace avait manqué : aujourd'hui la vérité s'emparait tout à coup de son cœur, l'enfant voyait ses torts, et sa volonté jusque-là raidie s'assouplissait d'une manière merveilleuse.

A partir de cette heure, Madeleine se trouva changée. « Elle se mit à l'œuvre, écrit sa sœur, voulut la réforme de son caractère, et au bout d'un an à peu près, ceux qui la voyaient admiraient cette jeune fille charmante, toujours vive d'esprit, mais aimable avant tout et oublieuse d'elle-même. Son premier soin fut de modifier son genre de vie dans le sens de ses secrètes aspirations vers le cloître.

« Levée de très bonne heure, elle descendait à la chapelle devant le saint Sacrement, y restait longtemps en prière, et revenait dans l'après-midi pour faire son heure d'adoration. Le temps de ses journées était réglé, se partageant entre le travail, la lecture et la prière. Madeleine s'occupait avec nous des pauvres à habiller ou à visiter. Du reste, aimant le silence et le recueillement, elle continuait à se réserver des moments de solitude, non plus par singularité comme auparavant, mais parce que la solitude lui procurait la facilité de s'entretenir avec le bon Dieu. Que de longues heures elle a passées dans le petit cabinet contigu au salon, que nous appelons encore *le sanctuaire de Madeleine!* Mais elle en sortait dès qu'on avait besoin d'elle, et, au moindre appel, se montrait souriante, empressée, toute bonne. Ce qui était du monde ou s'en rapprochait, lui était absolument antipathique, aucun livre ne parlant pas des choses divines ne l'intéressait. On sentait que Dieu avait pris possession de son cœur et qu'elle ne perdait guère de vue sa sainte présence. Nous comprîmes bientôt que cette âme ardente ne s'arrêterait pas en chemin et qu'elle aboutirait à la vie religieuse. Cependant, elle n'en parlait encore à personne. »

II

VOCATION RELIGIEUSE

La grâce triomphait, Madeleine n'avait plus d'autre désir que d'appartenir à Dieu et l'impression mystérieuse de sa première Communion reparaissait sous la forme d'un appel intérieur, précis, irrésistible. La Providence lui ayant ménagé une nouvelle rencontre avec Mlle de Morogues, elle en profita pour lui confier son dessein. Cette fois, les deux cousines se comprirent, tout souvenir pénible fut effacé, toute gêne disparut; elles s'aimèrent et nous allons voir comment Dieu se servit pour sa gloire de cette mutuelle affection.

« Comme je partageais ses sentiments et ses désirs, écrit Mère Madeleine de Jésus, nous nous entendîmes à merveille. Élevée à l'Assomption, j'avais sur ma chère cousine l'avantage de mieux connaître les couvents et la vie religieuse; aussi me demandait-elle beaucoup de détails, et je lui apprenais avec amour tout ce que je savais. »

Madeleine était ravie d'entendre ces choses qui répondaient si bien à son nouvel idéal. En aucun temps, son âme n'avait été plus délicieusement remuée; sa vocation se dégageait de plus en plus pressante, lumineuse. Une divergence assez profonde existait cependant entre les deux jeunes filles : quelle congrégation choisir? L'une se dirigeait à plein vol vers l'Assomption, l'autre inclinait à prendre une voie un peu différente. Il faudrait donc se séparer... La question n'était pas là, car la vocation religieuse est toujours une séparation, un sacrifice; mais Madeleine de Morogues, guidée par une sorte d'instinct providentiel, voyait en sa cousine des qualités de zèle, de dévouement, d'élévation d'esprit qui semblaient la destiner de préférence à l'Assomption. Aussi résolut-elle de la gagner, et Dieu décida la victoire. Le récit de cet épisode a été fait par celle qui y joue le principal rôle.

« Le caractère de Madeleine de Foucault, son antipathie pour le monde, un reste de timidité un peu sauvage lui faisaient désirer une séparation plus complète; elle ne voulait qu'un couvent cloîtré. Au Mans, elle avait eu des rapports avec la Visitation, et sa pensée se tournait naturellement vers les filles de saint François de Sales et de sainte Chantal. Quant à moi, dans mon amour enthousiaste pour ma chère Assomption, je ne voyais rien de plus parfait ni de meilleur, et j'aurais voulu faire partager mes sentiments à Madeleine. Il me semblait qu'elle pouvait y faire tant de bien et suppléer à ma propre insuffisance! Je lui parlais donc sans cesse de mon couvent, de mes Mères, et en particulier de sœur Camille-Stanislas, si admirable de zèle et de dévouement, qui avait eu à Auteuil toute ma confiance, et qui m'écrivait de Londres des lettres toutes brûlantes d'amour de Dieu. Je communiquais ces lettres à Madeleine, j'écrivais aussi à sœur Camille de demander à Dieu pour l'Assomption ma chère cousine et d'intéresser de saintes âmes au succès de notre cause.

« A partir des vacances de 1862, une correspondance s'établit entre nous, et comme j'avais deux ans de plus que Madeleine, elle me considérait avec une certaine déférence et voulait bien avoir confiance en son aînée. Elle prenait mes conseils pour ses exercices de piété, ses lectures ; et, à mon tour, je recourais à ceux de sœur Camille pour être sûre de ne pas m'égarer. Nous nous aidions ainsi mutuellement et tâchions par des pratiques que nous nous envoyions chaque semaine de nous rapprocher de Notre-Seigneur et d'avancer dans son amour.

« En 1865, nous retournâmes à Lorgerie pour le mariage de ma cousine Marie du Vigneau, et ce nouveau rapprochement augmenta encore l'intimité qui nous unissait. Logées ensemble, nous ne nous quittions ni le jour ni la nuit : le jour, nous nous prêtions de notre mieux aux exigences de la famille ; mais, le soir venu, quand le monde se retirait et nous laissait à notre chère solitude, quel charme pour nous de reprendre et de prolonger bien avant dans la nuit nos entretiens sur nos communs projets d'avenir ! Cependant, d'accord pour le fond, nous n'en restions pas moins avec nos attraits différents. En vain je m'efforçais de montrer à Madeleine la perfection qui se trouve dans l'union de la vie active et de la vie contemplative, puisque Notre-Seigneur et les plus grands saints nous ont donné l'exemple de cette vie. — Oui, tout me plaît à l'Assomption, répondait-elle, mais il n'y a pas de grilles. »

La Providence ne cessait de ménager entre Madeleine et sa cousine des rencontres opportunes. Durant l'hiver de l'année suivante, les deux jeunes filles se retrouvèrent à Orléans et, quelques semaines plus tard, on se revoyait à Paris sous le toit d'une tante aimée, dans des conditions toujours également favorables à l'intimité et aux confidences. « Je profitai de cette occasion pour conduire Madeleine à l'Assomption et je la présentai enfin à celle dont je lui avais tant parlé, à sœur Camille-Stanislas, alors mourante, et qu'on promenait dans le jardin d'Auteuil, revêtue de son habit blanc qui lui donnait quelque chose d'angélique. Cette vue produisit sur le cœur de Madeleine l'effet d'une apparition céleste, tant la souffrance avait marqué du sceau des prédestinés la douce physionomie de ma chère et sainte Mère. Elle parla avec grande bonté à Madeleine et l'avertit qu'elle ne cesserait d'importuner Notre-Seigneur jusqu'à ce que les deux cousines fussent réunies à l'Assomption.

« Les mois que je passai encore dans ma famille furent bien douloureux : Madeleine m'encourageait de ses lettres et de ses prières ; enfin, en juillet 1866, j'entrai au noviciat. Je continuai plus que jamais mon petit apostolat auprès de ma cousine, et je me rappelle que, sous le charme des paroles de Mère Térèse-Emmanuel, il m'arrivait souvent dans mes lettres de glisser des réminiscences de nos instructions du noviciat ; cela me valut d'abord quelques réprimandes de notre Maîtresse ; puis voyant qu'il s'agissait d'une vocation solide, la chère Mère ferma les yeux et je continuai à faire part de mes biens à Madeleine.

« Un moment cependant, je crus que l'attrait des grilles l'emporterait ; j'allais renoncer à mes désirs, et à la conviction pourtant bien profonde que la place de Madeleine était à l'Assomption, lorsque, me souvenant qu'au ciel les saints sont désintéressés, et ne veulent que la volonté de Dieu, j'eus l'idée de prendre saint François de Sales et sainte Chantal par la délicatesse et de leur faire une neuvaine pour leur demander d'éclairer Madeleine sur la voie qu'elle devait suivre, et de la céder à l'Assomption, si telle était la volonté de Dieu. Ma cousine accepta la neuvaine, neuvaine de prière, de ferveur et de sacrifice, mais elle restait indécise ; c'était sœur Camille qui devait nous l'obtenir et voici dans quelles circonstances.

« Après un mieux inespéré qui fut regardé comme miraculeux, sœur Camille-Stanislas eut une rechute terrible, et, le 23 septembre 1866, je fus conduite auprès d'elle pour lui faire mes adieux. Après avoir reçu ses derniers conseils, sa bénédiction sur ma vie religieuse qui était l'œuvre de ses prières et de ses longues souffrances, je lui recommandai mes deux plus chères intentions : la conversion de mon père et la vocation de Madeleine.

« Je vous promets, me dit-elle, de demander ces deux grâces aussitôt que j'entrerai au ciel. » Ce fut le lendemain, 24 septembre 1866 que ma chère Mère alla recevoir sa couronne éternelle, et sans doute elle tint parole et demanda Madeleine à Notre-

Seigneur qui nous fit don de ce trésor. Je n'avais pas encore pu annoncer cette mort à ma cousine, quand je reçus la lettre suivante : « Vous allez être bien surprise, et je ne puis moi-même m'expliquer le changement qui s'est opéré dans mon esprit, puisque rien d'extérieur ne l'a amené. Imaginez-vous que, sans savoir pourquoi, toutes mes répugnances pour l'éducation sont tombées, tous mes attraits pour les grilles également, et je me suis réveillée le 25 septembre absolument décidée à venir vous rejoindre à l'Assomption aussitôt que je pourrai en obtenir la permission. » Inutile de dire ma joie et mon action de grâce; impossible aussi de méconnaître dans ce changement l'influence et la prière de sœur Camille. »

Dans la crainte d'interrompre cet attachant récit, nous avons fait comme les deux cousines : nous avons compté sans la mère, Mme de Foucault. Il fallait cependant obtenir son consentement, et elle n'entendait le donner qu'à bon escient. Comme toutes les mères, elle tremblait à la pensée d'une séparation; mais sûre d'elle-même, de son courage et de sa foi, elle était prête à faire son devoir. Le difficile était de la convaincre de l'appel de Dieu. A cet égard, elle exigeait l'évidence et professait l'opinion que tout devait venir d'en haut, sans aucun secours des circonstances et des influences extérieures. Dieu cependant se sert quelquefois des créatures pour nous faire connaître ses desseins. Elle se méfiait donc de sa chère nièce de Morogues qui finirait peut-être par faire partager ses idées à Madeleine, et plus encore du directeur de la jeune fille, le R. P. H..., de la Compagnie de Jésus.

A des raisons de prudence, se mêlaient aussi quelques préventions contre la vie de couvent. Ces préventions sont faciles à comprendre, et Dieu les excuse; car une mère, même chrétienne, a de la peine à croire à une vocation dont elle n'a aucune expérience; elle n'est pas sûre que sa fille y trouve le bonheur, et c'est cette incertitude qui lui rend le sacrifice si pénible. Nous verrons la Comtesse de Foucault revenir entièrement de ses préventions lorsqu'elle aura pu s'assurer elle-même du bonheur de sa fille au service de Dieu. Dans une lettre écrite de Montpellier en 1878, Mère Térèse disait à sa cousine : « Ce petit séjour à Montpellier a fait grand bien à ma mère, et achevé de détruire ses derniers préjugés contre les couvents. »

A côté de cette mère qui hésite et qui craint, nous aimons à voir apparaître un vénérable vieillard, parvenu aux confins de la vie les mains chargées d'œuvres, le visage déjà illuminé des clartés de l'aube éternelle. M. le Marquis de Foucault a quatre-vingt-dix ans : lui aussi aime tendrement Madeleine; mais tandis que d'autres se troublent à la pensée d'un départ prochain, lui voudrait en avancer l'heure par ses prières et ses secrètes exhortations. De tout cœur, il avait déjà donné à Dieu une autre de ses petites-filles, et comme il ne croyait pas avoir à s'en repentir, il recommençait deux ans plus tard, avec tact et discrétion sans doute, mais avec constance et en homme convaincu. Lui-même s'est trahi dans une lettre datée du 12 octobre 1868, où il s'adresse aux deux religieuses réunies :

« Je rends grâces à Dieu, tous les jours, mes chères petites-filles, de la vocation qu'il vous a inspirée. Les égards que je devais à vos parents et la peine qu'ils devaient ressentir d'une cruelle séparation m'avaient empêché de laisser paraître le vif désir que j'ai toujours eu de vous voir consacrées au service du Seigneur. J'y ai travaillé le plus qu'il m'a été possible. Enfin, Dieu nous étant venu en aide, mes vœux se sont accomplis. A présent je puis vous dire tout le bonheur que j'en éprouve. J'avais compris qu'avec la foi et la fervente piété qui vous animait l'une comme l'autre, rien ne pourrait vous rendre plus heureuses que la liberté de vous livrer entièrement au service et à l'amour de notre divin Maître, et le dégagement des intérêts et des soucis de la vie mondaine que vous connaissiez déjà. Si la nature humaine permet à bien peu de parvenir à la perfection, dans votre état, en approcher au moins n'est pas aussi difficile que pour nous.

« Avant de vous déterminer à entrer en religion, vous aviez sans doute réfléchi à toutes les chances heureuses ou malheureuses qu'une femme peut rencontrer dans sa vie ; mais ce n'a pas été le principal motif qui vous a déterminées, c'est votre ardent désir de servir Dieu de tous vos moyens et sans aucun obstacle, à tous les moments de votre vie, qui a le plus contribué à votre résolution. Pour moi, ma trop longue expérience m'a fait reconnaître combien vous avez fait un meilleur choix. Il y a plus des trois quarts des ménages traversés par des peines cruelles et de toutes natures; le public ne s'en aperçoit pas toujours, mais c'est ordinairement la femme qui souffre le plus. Dans tant d'occasions, elle ne sait ce qu'il y a pour elle de mieux à faire! Pour vous, vos devoirs sont tout tracés, l'humilité vous guide, l'obéissance est sans aucun danger. Vous servez un bon Maître qui saura vous en récompenser : vous serez toutes les deux de bonnes et zélées religieuses, j'en ai la conviction et vous attirerez la bénédiction du ciel sur la famille. »

Il fallait citer en son entier cette admirable lettre; . mais voyez, dans la même famille, que de sentiments divers! Un oncle et parrain de Madeleine, envisageant d'un tout autre œil la vie du monde et celle du couvent, n'approuvait en aucune manière les projets de sa nièce. Il la voulait dans le monde, et, afin qu'on ne pût douter de la sincérité de son désir, il la déclarait son héritière, promettant de lui laisser avec une fortune considérable une terre de famille, si elle consentait à se marier. La jeune fille fut touchée du sentiment qui dictait cette proposition, mais nullement ébranlée ni séduite; elle remercia son oncle en demandant que cette offre profitât à son frère et à ses sœurs.

A cette même époque, Madeleine sollicitait et obtenait de son confesseur l'autorisation de se lier à Notre-Seigneur par un vœu de chasteté qu'elle prononça dans la chapelle du Gesù, rue de Sèvres, et depuis, elle se sentit toujours remuée jusqu'au fond de l'âme au seul souvenir des joies intérieures de ces premières fiançailles avec Notre-Seigneur.

La future religieuse était donc résolue à quitter le monde; mais il fallait choisir le moment opportun. La piété filiale devait la retenir quelque temps encore auprès de sa mère. Ses deux sœurs étaient mariées, son frère au collège. « Je resterai près de maman, avait-elle dit, jusqu'à ce que Jules vienne m'y remplacer. » Deux années s'écoulèrent ainsi dans l'attente. Durant cet intervalle, Madeleine écrivit plus régulièrement encore à sa cousine, voulut être reçue Enfant de Marie de l'Assomption, et pendant la semaine sainte de l'année 1868 demanda à faire une retraite au couvent. La conclusion de la retraite fut qu'elle entrerait au noviciat dès l'automne suivant. Pour obtenir le consentement maternel, elle eut recours à la puissante intervention de son oncle, Mgr de la Bouillerie, qui devait aplanir les dernières difficultés.

Mme de Foucault et les siens s'attendaient donc à une séparation prochaine. Madeleine, de son côté, y préparait sa famille par un redoublement de tendresse et de dévouement. Sa sollicitude affectueuse se tournait surtout vers sa nièce, Térèse O'Diette, qui la considéra toujours et l'aima comme une seconde mère. Le grand plaisir de Madeleine à Lorgerie était de prendre avec elle sa petite Térèse; on partait du côté des grands bois, on marchait vite et on causait gaîment; puis, le recueillement se faisait, la conversation prenait l'allure grave de la confidence, et, comme disait Mère Térèse, on causait raisonnablement, c'est-à-dire on s'entretenait du bon Dieu, de la joie d'être à Lui, de l'obéissance, des vertus à acquérir et des défauts à corriger. Celle qui parlait de ces choses, c'était surtout la tante, mais la nièce écoutait avec avidité et ne devait jamais oublier ces leçons.

Cependant le jour de la séparation arriva. Ce fut le 10 septembre, à une heure très matinale, bien avant le lever de ses neveux et nièces, que Madeleine de Foucault quitta le manoir de Lorgerie pour se rendre au noviciat d'Auteuil. Son émotion fut grande, mais selon sa manière habituelle, elle brusqua le départ, trouvant qu'en matière de sacrifice, il fallait procéder vite et couper court. A quoi bon, en effet, prolonger l'agonie qui durait déjà depuis plusieurs semaines, épuisant les forces de sa pauvre mère et les siennes? Une lettre, écrite au dernier moment, trahit la préoccupation et la tendresse de son cœur. C'est à sa mère qu'elle pense, à l'isolement dans lequel elle va la laisser; il faut que sa petite Térèse la remplace. Elle lui écrit à la hâte : « Je pars trop matin pour aller t'embrasser, ma Térèse chérie, mais je veux te recommander d'être bien gentille et bien affectueuse pour ta pauvre grand'mère. Elle va éprouver un grand chagrin, tâche de la consoler; parle-lui quelquefois de moi, puis, tous les soirs, embrasse-la en lui disant que c'est pour tante Madeleine. »
Suivent des recommandations toutes maternelles : « Ne sois pas triste, ma petite Térèse, nous nous reverrons bientôt. Travaille à devenir bonne, et quand tu auras envie de désobéir ou de faire quelque

chose qui ne serait pas bien, pense que cela me
ferait de la peine. Tu m'écriras les progrès que tu
fais en science et en sagesse. Tu seras gentille pour
tes frères : embrasse pour moi Léo et mon petit Mau-
rice. Lorsque tu auras envie de le taquiner, souviens-
toi que c'était mon petit ami et que je n'aimais pas
que tu le fisses pleurer. Adieu, mon enfant chérie,
au revoir, pense à ta tante qui ne t'oubliera jamais. »

« Madeleine. »

La jeune fille entra une dernière· fois dans la chapelle de Lorgerie pour demander à Notre-Seigneur
de la bénir. C'est aux pieds de ce tabernacle que sa
vocation religieuse lui avait été révélée, .c'est là
qu'elle avait entendu la voix du Maître qui lui demandait de tout quitter pour le suivre. Maintenant,
l'heure du sacrifice était venue, et elle priait le Dieu
de l'Eucharistie de la fortifier au moment du départ,
et de consoler sa mère.

Le beau-frère de Madeleine devait la conduire à
Paris; ils y retrouvèrent Mme O'Diette, sa sœur, et
ainsi accompagnée, elle se présenta à Auteuil le
18 septembre 1868, forte, mais très émue. Toute
éprise d'amour pour la sainte pauvreté, et ne venant
chercher au couvent que la perfection religieuse, elle
s'était peu inquiétée de la question matérielle du
trousseau et n'apportait avec elle que le strict nécessaire. Pour Madeleine, pauvreté religieuse ne pouvait signifier que dénûment complet. A peine le sacrifice avait-il été décidé qu'elle s'était élancée au-

devant de lui avec l'enthousiaste énergie de ces jeunes patriciennes des premiers siècles qui vendaient tout, se dépouillaient de tout, sans distinguer entre le superflu et le nécessaire, et se jetaient avec une noble insouciance entre les bras de la Providence et de l'Église. Madeleine arriva donc à l'Assomption avec un vrai trousseau d'enfant pauvre, ayant tout laissé à Lorgerie. Cet esprit de détachement toucha profondément ses Supérieures, et nous n'avons pas besoin de dire que sa famille se hâta de réparer ce qu'il pouvait y avoir de trop rigoureux dans son dénûment.

Cinq jours après son arrivée à Auteuil, le 23 septembre, Madeleine de Foucault prenait avec le voile de postulante, le nom de *Térèse-Marie du Sacré-Cœur*. Dans ce multiple patronage, elle voyait tout un programme : *sainte Térèse* lui apparaissait comme la religieuse modèle, ayant réuni dans sa vie la contemplation et l'action, la prière et le zèle. Le *Sacré-Cœur*, première dévotion de son enfance, devait devenir le dernier mot de sa vie intérieure, le secret de la transformation de son âme. Quant au nom de *Marie*, il est considéré comme le nom propre de chacune des religieuses de l'Assomption, parce qu'il est le nom de leur Mère.

La première partie du plan que la nouvelle postulante s'était tracé en arrivant à Auteuil était surtout négative. Elle l'exprimait en ces termes : « Travailler à faire disparaître la méchante Madeleine, afin qu'elle ne reparût plus. » Et pour cela, elle ne voyait qu'un moyen : la briser pour l'assouplir. On dit qu'avec sa nature énergique qui pour quelque temps encore se portait à l'excès, elle fût allée vite dans la voie des exagérations généreuses. Il ne fût rien resté de la *méchante Madeleine*, pas même la santé, si l'obéissance n'eût fait rentrer dans l'ordre cet imprudent courage. Heureusement la postulante était obéissante et avait le sentiment inné de la discipline. Nous n'avons jamais remarqué, ni en ce moment, ni dans la suite, que la plus difficile des vertus religieuses lui ait beaucoup coûté. La règle surtout, qui est le principal objet de l'obéissance, lui plaisait; elle s'y était attachée dès le début comme un soldat à sa consigne.

Après une épreuve de six mois, selon que l'avait désiré la Comtesse de Foucault, sœur Térèse du Sacré-Cœur fut admise à revêtir le saint habit religieux. La cérémonie eut lieu dans la chapelle d'Auteuil : tous les membres de la famille étaient présents, à l'exception du vénérable aïeul que le poids des années retenait à La Flèche. Mais son cœur était là et il écrivit à sa petite-fille cette lettre vraiment touchante :

« La Flèche, 4 avril 1869.

« Voilà donc arrivé ce grand jour auquel tu aspires depuis si longtemps. Tu fais un pas de plus dans l'accomplissement du sacrifice que tu as voulu faire à Dieu en te consacrant tout entière à son service. Je n'ai qu'à te féliciter du bonheur que tu vas éprouver en prenant un si saint engagement au pied de l'autel, engagement, qui, s'il n'est pas encore définitif, te met du moins au nombre des servantes du Seigneur. Ah! certainement c'eût été une grande jouissance pour moi d'assister à cette belle cérémonie et de te donner ce témoignage de ma tendre affection. Je t'aurais exprimé de nouveau la vive satisfaction que je ressens de te voir entrer dans un état où ta félicité sera bien plus assurée en ce monde et dans l'autre que dans une société comme celle où nous vivons. Tu comprendras bien, chère petite, que mon âge ne me permet plus de quitter mes foyers. Je n'en prierai pas moins avec ardeur le Tout-Puissant de répandre sur toi ses grâces. Je ferai le 9 une communion à ton intention et je serai ce jour-là à 2 heures à l'église pour y remercier Dieu.

« Entre donc, mon enfant, dans ta noble carrière avec confiance; tu as montré en persistant à répondre à ta vocation une piété et une fermeté de caractère qui ne feront qu'augmenter, et j'ai la conviction que tu seras une bonne religieuse. Sans doute tu éprouveras une impression de tristesse à la pensée de te séparer pour toujours d'une famille qui t'est si chère et dont tu apprécies les regrets; mais tourne les yeux vers celui qui t'appelle, tu prieras pour eux et tu leur seras peut-être plus utile qu'en restant au milieu d'eux.

« Tu prieras bien aussi pour moi, ma chère enfant; selon l'ordre de la nature, je dois être le premier à en avoir besoin. Le Tout-Puissant a mis un terme à tout ici-bas et je sens le mien s'approcher; mes forces physiques m'abandonnent, c'est naturel, car j'accom-

plis ces jours-ci ma quatre-vingt-dixième année; heureusement, l'esprit et le cœur se sont conservés. Que
de grâces n'ai-je pas à rendre à Dieu de m'avoir laissé
le temps qu'il refuse à tant d'autres de faire pénitence des fautes d'une si longue vie! pénitence bien
insuffisante, mais qui, réunie aux vœux des saintes
âmes qui prieront pour moi, pourront, je l'espère, m'obtenir quelques droits à la divine miséricorde. »

Et comme Madeleine avait exprimé le regret de ne
pas recevoir la bénédiction de son grand-père à un
moment si solennel de la vie, le patriarche la lui
envoie dans des termes d'une solennité toute bi-
blique : « Ma chère petite-fille, reçois donc ma bénédiction paternelle que je te donne du plus profond
de mon cœur. Que le Dieu tout-puissant répande sur
toi ses grâces et accomplisse tes pieux désirs. Puis-
sions-nous nous retrouver un jour tous ensemble au
ciel, dans le sein de Dieu où je vous aimerai encore.

« Mis de Foucault. »

La fête religieuse fut très belle. Mgr de la Bouillerie, qui la présidait, adressa à l'auditoire choisi et
doublement sympathique qui l'entourait des paroles
profondément senties, exposant le sens d'une cérémonie de vêture, interrogeant tour à tour le monde
et la jeune fille; puis s'adressant aux deux cousines
il terminait par ces mots : « Séchez les larmes
de vos mères à force d'être heureuses. » Nous ne
résistons pas au désir de placer ici le commencement

et la fin de cette éloquente allocution : pour la famille de Foucault comme pour l'Assomption, ce sont des souvenirs de famille.

« Une cérémonie comme celle-ci présente habituellement deux aspects très divers : voici d'abord une jeune fille qui s'avance vers le temple, afin de se consacrer au Seigneur. Elle est encore vêtue des parures mondaines, mais bientôt elle ne sera plus couverte que d'une bure grossière. Sa famille, ses amies l'environnent, mais elle leur jette un dernier regard et leur dit adieu. Jeune encore, le monde lui souriait, mais elle le méprise et le foule à ses pieds. Elle pouvait vivre au milieu des siens d'une vie calme, tranquille, indépendante; elle pouvait aspirer aux grandeurs de l'épouse et de la mère chrétienne, et voilà qu'elle s'ensevelit tristement dans un cloître.

« A la vue de ce touchant spectacle, j'interroge par la pensée le monde qui la regarde, sa famille, ses amies qui l'entourent, et je cherche à saisir leur impression commune. C'est plutôt, il faut le dire, une impression de tristesse. Sa mère a des larmes dans les yeux : qui ne comprendrait ces larmes et qui oserait lui en faire un reproche? Ses parents, ses amis, tous ceux qui l'ont connue et appréciée expriment tout bas des sentiments qui se partagent entre le regret et l'inquiétude. — Pourquoi, disent-ils avec saint Bernard, pourquoi ou l'avons-nous aimée, ou l'avons-nous perdue? *Cur aut amavimus, aut amisimus.* Et ils ajoutent : Si du moins elle était heureuse!... — D'autres enfin ne craignent pas de répéter la parole de l'Évangile : A quoi bon cette perte, et pourquoi dissiper ce parfum? *Ut quid perditio hæc?*

« Je reviens alors vers cette jeune fille, celle qui renonce au monde, et je lui demande si elle est heureuse. — Ah! me dit-elle, je n'ai désiré qu'une chose, et le Seigneur aujourd'hui me l'accorde, j'habiterai dans la maison de Dieu. J'ai longtemps cherché Celui que j'aimais et je ne le trouvais pas; je le tiens maintenant et ne le laisserai point partir. Que puis-je vouloir sur la terre et que puis-je ambitionner au ciel? Je possède le Dieu de mon cœur, il est mon partage pour l'éternité!...

« Entre ces deux affirmations si diverses, je veux m'établir juge; je veux savoir qui a raison ou de celle qui se proclame heureuse, ou de ceux qui la pleurent, la plaignent et la blâment. Ah! mon jugement ne se fera pas attendre. C'est vous, ma chère fille et bien chère nièce, c'est vous qui avez mille fois raison. Et pourquoi? Parce qu'à partir de ce jour, vous vous unissez plus étroitement à Dieu; — parce que plus l'âme s'unit à Dieu, plus elle s'élève et elle aime; — parce qu'enfin plus l'âme s'élève et plus elle aime, plus aussi elle est heureuse, et ce sont ces trois pensées que je voudrais développer devant vous. »

Monseigneur poursuivit son discours avec le charme entraînant qui caractérisait sa parole; puis il conclut en ces termes : « Le bonheur qui s'exile si souvent loin des régions du monde est donc l'hôte chéri et habituel des cloîtres, et tandis que, sous des joies bruyantes, le monde cache souvent les plus amères angoisses, l'humble religieuse, à travers les voiles transparents du renoncement et de la pénitence, laisse briller comme malgré elle le rayonnement de sa félicité. Cette félicité ne vous sera pas refusée, ma chère nièce ; oui, vous avez raison de vous proclamer bienheureuse. Je ne crains pas de me tromper et je juge en connaissance de cause, car je connais cette maison qui devient aujourd'hui la vôtre, et à laquelle se rattachent mes meilleurs souvenirs. O filles de l'Assomption, vous connaissez le chemin qui conduit au ciel ! Vous savez tous les secrets du cœur immaculé de Marie ; vous méritez d'avoir part au bonheur de celle qui a pu dire d'elle-même : *Toutes les générations m'appelleront bienheureuse !* Mais je connais aussi, mon enfant, la pureté, la sainteté, la fermeté de votre vocation. Déjà d'ailleurs, vous n'êtes pas étrangère à la vie que vous embrassez, et vous avez été surtout initiée à cette vie par la douce expérience de la vraie et tendre sœur qui semble ne vous avoir précédée en ces lieux que pour vous en tracer la route.

« Ah ! puisqu'il m'est donné de vous voir aujourd'hui toutes les deux habitant sous ce même toit sacré, permettez-moi, mes bien chères enfants, de vous féliciter toutes les deux. Persévérez dans la voie sainte où le Seigneur vous a fait entrer, et, pour me servir d'une expression de nos saints Livres, soyez autour de cet autel comme deux oliviers et deux flambeaux. Soyez comme deux oliviers, élevez-vous ensemble vers le ciel. Soyez comme deux flambeaux, brûlez ensemble d'un même saint amour, jouissez d'une même félicité, et séchez les larmes de vos mères à force d'être heureuses. »

III

NOVICIAT

Les témoignages qui nous reviennent sur le noviciat de sœur Térèse du Sacré-Cœur se réduisent à cet éloge : ce fut une novice parfaite, c'est-à-dire qui travaillait sans relâche à sa perfection. « Mes pensées, écrit une de ses compagnes d'alors, retournent souvent aux jours doux et à jamais chers du noviciat. Que de souvenirs j'y retrouve de sœur Térèse, de son affabilité, de sa bonté, de sa ferveur, de son humilité! Vraiment, aujourd'hui qu'elle a reçu sa récompense, elle doit être bien puissante auprès de Dieu. »

Jugée par sa vie extérieure, sœur Térèse méritait ce témoignage. En voici un autre qui vaut mieux encore parce qu'il émane d'une personne qui a vu l'intérieur et le laisse entrevoir. Mère Térèse-Emmanuel, la vénérée directrice du noviciat d'Auteuil, ne cachait pas son opinion : « Je n'ai pas encore rencontré de novice, disait-elle, qui ait travaillé son âme avec plus d'énergie. » Ce mot caractérisera toute la vie spirituelle de notre sœur; ce sera une vie de travail intérieur, héroïquement soutenu et courageux. Une autre fois, s'adressant à une religieuse qui se rappelle encore ces paroles, la Mère lui dit : « Voyez cette petite sœur Térèse du Sacré-Cœur, je ne lui parle presque plus maintenant qu'elle n'est plus au noviciat ; mais je ne peux la voir sans me sentir un peu fière des éloges que je recueille de tous côtés de sa ferveur et de son zèle pour la perfection. »

Digne élève d'une maîtresse si avancée dans les voies de la sainteté, est-ce assez dire ? Ne serait-il pas plus exact de voir dans ces deux âmes la mère et la fille, tant il existe entre elles d'affinité, de sympathie, tant la novice a de facilité à s'assimiler les idées et les sentiments de sa maîtresse ? Les marques de cette influence souveraine, nous les trouvons dans le culte religieux et la confiance absolue que sœur Térèse durant toute sa vie religieuse, ne cessa jamais de professer pour Mère Térèse-Emmanuel ; dans le soin qu'elle prit, comme Supérieure, de se référer à chaque instant aux principes de son noviciat pour sa conduite et celle des autres. L'empreinte était trop profonde pour être jamais effacée.

Du reste, ces deux âmes s'étaient comprises dès leur première entrevue. Madeleine de Foucault présentée à la maîtresse des novices avait été saisie, au premier aspect, par ce je ne sais quoi de céleste qui révélait tout de suite en Mère Térèse-Emmanuel une âme de prière. « C'est une sainte, avait-elle dit, je me livrerai tout entière à sa direction, mon seul désir est qu'elle me conduise à Dieu. » La novice devait tenir parole, se laisser former, reprendre, corriger avec une simplicité vraiment touchante. Nous en avons la preuve dans un petit cahier intitulé « *Souvenirs de mon noviciat* », où elle notait religieusement les recommandations qui lui étaient faites, les observations et les reproches. Sans trop d'indiscrétion, nous ouvrirons quelquefois ce précieux recueil ; il nous fera assister à ce travail si attachant et si beau de la formation d'une âme. Nous y verrons que sœur Térèse ne s'est pas trouvée corrigée tout d'un coup des défauts de Madeleine ; qu'elle a eu de longues luttes à soutenir ; et que, dans le détail de sa vie extérieure, Mère Térèse-Emmanuel ne lui épargnait pas les épreuves : il fallait assouplir cette nature indépendante et personnelle. La Mère et la fille y travaillèrent avec une courageuse persévérance. Écoutons-les un instant, et nous serons peut-être également touchées de la noble franchise de la Maîtresse et de l'humble docilité de l'élève.

C'était pendant la retraite préparatoire à la fête de Noël : « Chère enfant, Notre-Seigneur ne peut pas travailler tout seul dans votre âme, il faut que vous lui prêtiez votre concours : il veut régner, faites-lui place. Cherchez pendant cette retraite tout ce qui en vous l'attriste ou lui déplaît. Je trouve que sous certains rapports vous avez fait quelques progrès, mais vous avez à veiller beaucoup sur votre caractère hautain, orgueilleux ; vos manières sont souvent raides, cassantes, et je suis choquée parfois de trouver en vous qui êtes si jeune des idées si arrêtées et si absolues. Vous exprimez vos manières de voir et de penser d'une façon beaucoup trop naturelle. Je ne dis pas cela pour que vous vous découragiez, mais afin que vous travailliez sérieusement à vous effacer, à vous faire petite, à disparaître. Voyez-vous, mon enfant, si vous ne remplaciez pas ces dispositions naturelles par des vertus toutes surnaturelles, vous finiriez par devenir une personne dominante, et Notre-Seigneur ne vous aimerait pas. »

Faisant ensuite allusion à des images de Noël où, sous forme d'emblèmes, on tirait des pratiques de vertu, et à *la paille* échue à sœur Térèse comme devant être son office à la Crèche : « Vous n'avez pas été contente de votre part d'hier, ajoute la Mère, et cependant Notre-Seigneur l'a aimée, cette paille de rebut, il l'a voulue pour sa crèche. La paille se laisse fouler aux pieds, se laisse broyer ; elle n'est douce que lorsqu'elle a été ainsi pressée de toutes parts. Soyez une petite paille bien douce, pas raide, pour que Notre-Seigneur puisse se reposer dans votre cœur. Il aime la pauvreté, la petitesse ; il aime sa pauvre étable de Bethléem : faites de votre cœur une crèche, laissez Jésus lui-même tourner et retourner la paille sur laquelle il veut se reposer... Eh bien ! aimerez-vous maintenant votre paille de rebut ?... — Oui, ma mère, mais je n'aime guère ce qui m'humilie. — Il faut apprendre à l'aimer. — Comment faire pour en arriver là ? — Regarder Jésus et l'imiter. Tous les jours, faites au moins intérieurement plusieurs actes d'humilité, et comptez sur Notre-Seigneur pour vous aider dans ce travail. — Je sens bien, ma Mère, que je ne mets pas assez de suite dans mes efforts. — C'est vrai, mon enfant, tout chez vous se fait un peu par bonds ; mais il faut que désormais il n'en soit plus ainsi. Vous ferez des efforts, vous travaillerez, et, quand vous serez tombée dans une faute extérieure, vous vous mortifierez en pratiquant la vertu contraire. Ainsi, quand vous aurez donné votre avis avec ce petit air cassant que je vous reproche, vous vous imposerez pour pénitence de ne plus le donner sur rien pendant les deux jours suivants. Puis, priez beaucoup le saint Enfant Jésus, il vous aidera. Quel admirable et cher modèle à imiter!... Vivez de la vie d'oraison; tenez-vous unie à lui le long du jour; suivez-le à Bethléem, à Nazareth; travaillez l'intérieur, et l'extérieur sera par là-même changé. Voyez, quand on veut faire produire des roses doubles à un églantier, c'est de la racine d'abord que l'on s'occupe. On commence par le mettre dans une bonne terre, puis on le greffe et on l'arrose. Mettez de la bonne terre autour de votre âme, c'est-à-dire beaucoup de bonne volonté et de bons désirs, greffez-la sur Jésus, et demandez-lui de l'arroser de sa divine grâce. Bien vite, alors, on vous trouvera changée. »

La conversation continue et nous n'osons pas l'abréger, elle nous fait si bien connaître Mère Térèse-Emmanuel et sa chère novice! Celle-ci s'étonne de n'avoir pas fait plus de progrès depuis sa prise d'habit; elle croyait, comme bien des novices, qu'avec l'habit religieux se prennent toutes les vertus religieuses. Grande erreur! « La sainteté demande du temps, des efforts généreux et beaucoup de persévérance, dit la Mère; mais surtout ne vous découragez pas. Partez de cette belle fête de Noël et commencez à travailler avec plus d'ardeur à votre perfection : la vie religieuse est si bonne, si belle! elle nous offre tant de moyens de nous sanctifier; c'est une vie de mérite qui nourrit l'âme, la fortifie contre toutes les défaillances et la prépare à tous les sacrifices ». La jeune sœur constate en effet, et avec un sentiment de satisfaction qu'elle ne dissimule pas, que les sacrifices lui coûtent moins : « Ma mère, je suis bien plus calme à l'égard de ma famille; je n'espérais pas pouvoir en arriver là, tant j'ai souffert de la séparation au commencement. Je pense à eux *beaucoup*; mais pas du tout de la même façon qu'en arrivant. — Pauvre enfant! ce n'est pas étonnant; en arrivant vous ne saviez rien de la vie religieuse, il fallait du temps pour y entrer. Maintenant que vous la comprenez mieux, elle vous suffit, vous n'avez pas besoin de chercher ailleurs des consolations. Vous aimez vos parents avec la même tendresse, mais d'une manière plus désintéressée. Et puis, le travail de la perfection occupe tant l'âme religieuse; ne faut-il pas qu'elle pense à ce qui peut plaire à son époux?... Vous allez donc, chère enfant, être très généreuse, vous mortifierez votre nature, et voici la parole que je vous donne : *Nous qui vivons, nous sommes morts parce que nous avons livré nos corps à Jésus-Christ par la mortification.* Travaillez à mourir. »

Nous trouvons dans cette conversation sœur Térèse tout entière, avec ses défauts reconnus, son zèle empressé pour la perfection et son cœur très tendre pour sa famille. Nous y voyons aussi sa parfaite docilité et la simplicité de ses rapports avec sa maîtresse. On dit souvent : telle novice, telle religieuse. Cela est absolument vrai de sœur Térèse du Sacré-Cœur. Ses idées, ses sentiments, sa méthode de direction, pour elle et pour les autres, ne seront dans toute la suite de sa vie religieuse que des réminiscences du noviciat, et des réminiscences personnelles, très vivantes. Ne lui parlez pas d'études purement théoriques en aucun genre; elle ne connaît qu'une manière d'apprendre, celle de la Mère de Dieu qui recueillait les paroles du dehors et les faisait passer dans son cœur. La novice retenait les leçons, moins par la mémoire qu'en modelant au plus vite son âme et sa vie sur ce qui lui était enseigné. Ainsi les maximes et les traditions du noviciat lui passaient en nature, sous forme de dispositions intérieures et définitives, et le type de la vraie religieuse de l'Assomption se formait en elle trait par trait. C'est au noviciat que sœur Térèse, soit en étudiant sa Maîtresse, soit en s'appliquant généreusement à suivre ses moindres avis, prit sa véritable forme religieuse : tout dans son âme put s'élargir, se développer plus tard, s'accommoder directement suivant les circonstances; mais rien ne se modifia essentiellement, elle resta toujours ce que Dieu et Mère Térèse-Emmanuel l'avaient faite.

Ce fut le 26 avril 1870, fête de Notre-Dame du Bon Conseil, que la novice fut admise à prononcer ses premiers vœux. C'était pour elle des promesses éternelles, son cœur était à Jésus-Christ, sans partage et sans retour. Comme l'Épouse des Cantiques, elle pouvait dire en toute vérité : *Inveni quem diligit anima mea, tenui eum, nec dimittam* (1). M. l'abbé Bayle, vicaire général et supérieur de la maison de Paris, présida la cérémonie qui eut lieu dans la chapelle d'Auteuil, au milieu de la famille de Foucault réunie une seconde fois au pied des autels pour renouveler son sacrifice.

Peu de jours après sa profession, sœur Térèse fut nommée seconde maîtresse de la moyenne classe. Il est à remarquer que la Providence, en vue sans doute de la préparer à ses futurs devoirs de Supérieure, eut soin de la faire passer successivement par tous les emplois. Elle fut à même d'en expérimenter les charges diverses, et aussi les tribulations. Fut-elle mise à l'épreuve par les élèves? cela arrive parfois; les moyennes surtout ne jouissent pas généralement d'une grande réputation de sagesse, c'est l'âge difficile et ingrat. Eh bien! nous croyons cependant que celles d'Auteuil ont su tout de suite apprécier leur nouvelle maîtresse. « Il y avait dans son aspect, écrit l'une d'elles, je ne sais quoi de religieux, de distingué, de fraîchement jeune et aimablement donné, qui attirait les cœurs. »

En même temps que maîtresse de classe, sœur Térèse restait chargée de la sacristie, emploi qui l'avait occupée pendant sa première année de noviciat, et qui lui était cher à cause de son amour pour l'hôte divin du Tabernacle. Elle apportait à décorer

(1) Cant. III, 4.

sa demeure un goût parfait, un grand esprit de foi ; mais quelle est la sacristine à qui n'échappe pas de loin en loin quelque inadvertance? Une série de petites mésaventures dont elle portait la responsabilité, peu grave du reste, lui fit retirer son office, et elle fut attachée à la lingerie. Sœur Térèse en eut un moment de la peine, il lui était si doux d'entourer l'autel de ses soins et d'approcher de si près la sainte Eucharistie ; mais dans un emploi plus humble, elle allait servir les sœurs et les enfants, c'était toujours servir Jésus-Christ.

Pendant qu'elle se formait aux vertus religieuses et aux divers emplois du couvent, notre jeune sœur n'oubliait pas la maison paternelle où elle avait laissé une mère très aimée, un frère et des sœurs dont elle partagea toujours les joies et les tristesses. Elle suivait avec affection les progrès de sa nièce et l'encourageait par des lettres charmantes. La correspondance entre la tante et la nièce ne fut jamais interrompue ; sœur Térèse y prélude à ce qu'elle sera plus tard comme directrice des âmes : celles des enfants semblent l'attirer tout particulièrement et elle a un véritable don pour les conduire à Jésus-Christ. « Ma chère petite Térèse, écrit-elle le 7 janvier 1870, je voudrais bien pouvoir t'envoyer comme chaque année, mon petit souvenir du jour de l'an ; mais, comme je n'ai plus rien maintenant, je ne peux te donner que des prières. Je demande au saint Enfant Jésus de te faire devenir une petite fille pleine de toutes ses vertus : n'est-ce pas un joli souhait? Et si tu ressembles à ce divin Modèle, ne seras-tu pas la joie et

le bonheur de tous ceux qui t'entourent? et vois-
tu, ma Térèse, maintenant que tu grandis, il faut
sérieusement que tu songes à te corriger de tous les
vilains défauts que nous remarquions ensemble, —
tu te souviens bien, n'est-ce pas, de nos bonnes conversations dans les bois de Lorgerie? — Il faut que le
bon Dieu trouve ton cœur bien préparé quand il
viendra y faire sa demeure, et il faut commencer tout
de suite à en chasser tout ce qui peut lui déplaire.
Chère petite Térèse, tu as reçu sans doute de jolies
étrennes, eh bien! il faut aussi que l'Enfant Jésus ait
les siennes. Examine ta conscience, et vois ce que tu
dois lui donner. J'espère que tu m'écriras bientôt,
et que tu me diras que tu lui as sacrifié tout ce
qu'il demande de toi. Je te parle bien sérieusement,
ma chérie, mais je sais que tu me comprendras. Sois
douce et aimable avec ton pauvre père malade; lorsqu'il est triste, embrasse-le et dis lui que tu vas prier
pour lui la sainte Vierge. Adieu, ma fillette bien-aimée, j'espère te revoir bientôt, et tu sais si je t'aime
et serai heureuse de t'embrasser. »

Dans la douce paix du noviciat d'Auteuil, sœur
Térèse du Sacré-Cœur continuait à travailler à sa
propre perfection et à celle des enfants qui lui
étaient confiées, lorsque éclata la guerre de 1870.
Quelle en serait l'issue? que nous réservait l'avenir?
A cet égard, les esprits sérieux n'eurent pas longtemps d'illusion, et la Supérieure Générale pressentit
bientôt la tempête qui allait fondre sur la patrie,
sur Paris et sur l'Assomption. On dispersa toutes les

jeunes sœurs, et le noviciat fut transféré à Lyon, afin de se trouver plus rapproché de la frontière, si l'exil devenait une nécessité. On sait comment les désastres se succédèrent du 4 au 20 août, l'ennemi avançait toujours, et Lyon n'était plus un abri sûr. Ce fut alors que Mʳᵉ Térèse-Emmanuel partit pour Genève avec ses novices. Monseigneur Mermillod, qui leur offrait un asile, les reçut en ami et en père : « Vous êtes mes filles, leur dit-il, et puisque vous vous réunissez sous ma houlette, je suis votre pasteur. Vos joies seront mes joies et vos peines seront les miennes. Je vous aiderai à porter la croix et j'écarterai autant qu'il me sera possible les difficultés de votre route. » Puis, il les établit à Sacĉonex, près de Genève, promit de venir les voir, et offrit même de se charger de leurs âmes.

Profondément touchée de cet accueil, Mère Térèse-Emmanuel ne songea plus qu'à transformer en monastère la petite maison louée par les soins de l'Évêque. Une salle fort modeste devint la chapelle, un autel y fut improvisé, et, dès le lendemain de l'arrivée des religieuses, Notre-Seigneur vint habiter sous leur toit. Autour du Maître dans son tabernacle, la règle s'établit aussitôt : silence, pauvreté, office au chœur, adoration du Saint-Sacrement, leçons et exercices du noviciat, rien ne fut omis : les novices pouvaient se croire à Auteuil.

Lorsque Monseigneur vint les voir, il fut frappé du recueillement de ce petit monastère, et il adressa aux religieuses quelques paroles que sœur Térèse nous a conservées dans une lettre à sa cousine : « Vous

voilà donc en exil, mes enfants; mais pas complètement exilées puisque vous avez Notre-Seigneur dans ce
béni sanctuaire. N'est-ce pas partout la patrie pour
une âme qui sait le chercher et le trouver? Vous avez
autour de vous un pays splendide, mais d'où Notre-
Seigneur a été longtemps exilé; nulle part peut-être
la Sainte Eucharistie n'a été plus outragée qu'à
Genève. Dieu a eu ses vues en vous amenant dans
cette paisible solitude; il faut que vous y soyez les
consolatrices de Notre-Seigneur. Faites de ce petit
séjour un autre Bethléem, demeurez-y avec la sainte
Vierge et saint Joseph dans la pauvreté et l'obéissance. Pendant que je travaille à Genève à bâtir des
églises, à convertir des âmes, il faut que vous priiez,
mes enfants. L'Évêque ne peut agir seul; mais une
âme bien pure, bien cachée, appelle par ses prières
les bénédictions de Dieu sur l'Évêque et sur l'Église.
Soyez donc heureuses de la part d'apostolat qui vous
est réservée dans ce pays. Vous continuerez ici votre
vie d'adoration, et vous vous offrirez comme répa-
ratrices des maux causés par l'hérésie dans ce diocèse. Soyez toutes des Véroniques pour consoler Notre-
Seigneur des offenses qu'il a reçues ici dans le mystère
du Saint-Sacrement, et que les épreuves que vous
traversez donnent à votre noviciat un nouveau caractère de ferveur et de vaillance spirituelle. »

La ferveur ne manqua pas au petit couvent de
Sacconex, baptisé dès les premiers jours du nom de
Prieuré de Bethléem, à cause de son excessive pauvreté, et peut-être aussi à cause de l'isolement et
du froid. Car on arrivait en Suisse avec l'hiver, dans

une habitation étroite, incommode, exposée à tous
les vents, et, si quelque chose manquait pour que
l'installation des Sœurs ressemblât à celle de l'étable,
ce n'était assurément ni la froidure ni la pauvreté;
mais personne ne s'en plaignait, on était si heureux de trouver dans sa vie quelque ressemblance
avec celle du divin Maître, et puis, il y avait de
telles souffrances au dehors! notre pauvre armée
passait par de telles épreuves!... Chaque famille était
plus ou moins atteinte, et sœur Térèse pensait à
son frère qui était sous les drapeaux, exposé à tant
de dangers et de souffrances : « Si tu aimes la
neige, écrit-elle à sa nièce, tu aimerais bien Sacconex,
nous en avons une épaisse couche tout autour de
nous; mais nous ne nous en occupons pas beaucoup,
et je n'y songe guère que pour m'attrister pour nos
malheureux soldats et pour ton pauvre oncle Jules
qui doit tant souffrir du froid, s'il neige ainsi près
de Paris. Il faut que tu pries pour lui, et j'espère
que tu es bien affectueuse pour ta pauvre grand'mère
qui est si triste en ce moment. Embrasse-la bien fort
pour moi et aussi pour ton cher oncle absent.

« Adieu, mon enfant chérie, je ne te donne pas le bon
exemple, car ma lettre est un vrai griffonnage, mais
j'ai les doigts gelés, et pour faire l'économie d'une
lumière je t'écris un peu dans l'obscurité : voilà qui
m'excusera. »

Ah! la bonne école de pénitence que ce Prieuré
de Sacconex! Jamais sœur Térèse n'avait vu la pauvreté de si près; elle le sentait d'autant plus que les
charges de la maison pesaient principalement sur

elle : on lui avait confié l'économat, et sa fonction consistait à pourvoir aux besoins de la petite communauté avec une caisse habituellement vide. On n'était jamais sûr du lendemain, mais Dieu a promis à ses serviteurs le pain de chaque jour, et le pain ne manqua point, ni même ce surcroît plus ou moins frugal que sa libéralité se plaît à accorder ordinairement. On raconte qu'un jour pourtant, il fallut s'en tenir au strict nécessaire. L'économe s'était mise en frais pour acheter un gigot, c'était sans doute un jour de fête; mais le chat de la maison, ayant aperçu ce gigot, le saisit et l'emporta. Lorsqu'on découvrit le vol, il était trop tard pour y remédier. La pauvre économe en fut très émue, d'autant plus que, faute de temps et surtout d'argent, elle n'avait rien à donner aux sœurs. Celles-ci, heureuses d'être réduites à la condition de vraies pauvres, dînèrent gaiement avec du pain sec et se dédommagèrent en riant beaucoup de la mésaventure.

La gaieté est une tradition monastique, elle ne manqua pas à Sacconex, non plus que les occasions qui la provoquaient. Il faut si peu de choses pour faire rire des âmes jeunes, innocentes et détachées de tout; la joie jaillit alors du cœur comme d'une source abondante. Écoutons ce récit que nous laissons dans toute sa simplicité; c'est sœur Térèse qui écrit à sa cousine, sœur Madeleine de Jésus : « Vraiment, nous sommes gâtées par le bon Dieu, c'est une si douce chose de vivre ici sous son regard dans cette petite solitude. Notre vie ressemble à celle des Chartreux, nous ne voyons absolument personne;

mais cela ne nous empêche pas d'être gaies, et le prieuré de Bethléem peut bien aussi être appelé le prieuré de la joie. Les histoires du ménage sont quelquefois à mourir de rire ; hier, entre autres, pauvre petite sœur Dolorès avait tellement enfoncé une casserole dans son fourneau que ce qui était dedans brûlait sans qu'elle pût parvenir à la retirer. Elle pleurait auprès de son fourneau, et chacune venait à son tour à la délivrance de la dite casserole : c'était amusant au possible, et à force de nous voir rire, sœur Dolorès s'est consolée, mais j'ai bien peur qu'elle ne fasse souvent faire pénitence aux sœurs, car son talent pour la cuisine n'est pas grand. »

Les privations, le froid, qu'est-ce que cela quand le cœur est dilaté par l'amour de Dieu ?

Certes, il y avait bien des épreuves au dehors et on les sentait vivement ; mais il faisait bon pour les âmes dans cette chaude atmosphère de piété et de charité ! Comme on aimait et entourait la personne de Notre-Seigneur, présent là dans cette petite chapelle, sous le même toit de pauvreté et d'exil ! Comme les âmes serrées ainsi les unes contre les autres et se sentant vivre de la même vie, se comprenaient et s'aimaient ! Monseigneur Mermillod venait, selon sa promesse, visiter de temps en temps la petite communauté. C'était fête alors au Prieuré de Bethléem :

« Sacconex était en fête cette semaine, écrit sœur Térèse, d'abord une cérémonie de profession ; puis Noël, ce cher Noël, que j'ai aimé cette année plus que jamais puisque j'avais le bonheur d'y renouveler mes vœux. La profession a eu lieu le 21, fête de saint Thomas ; Monseigneur a admirablement parlé sur le bonheur de la vie religieuse. Notre chapelle était ornée de jolies fleurs naturelles données par les sœurs de Carouge, toujours si bonnes pour nous et qui nous avaient aussi prêté un beau tapis et deux candélabres. »

Et Noël ! la fête des humbles, des petits et des pauvres, comme les âmes étaient bien préparées pour en jouir dans ce petit couvent perdu au milieu des neiges ! « La messe de minuit m'a doublement touchée ici, je me suis crue à Bethléem ; avec quelle joie j'ai renouvelé à Notre-Seigneur mes chères promesses ! Nous avons eu deux messes pendant la nuit, et la troisième le lendemain à 8 heures. Vous voyez que nous sommes bien gâtées du bon Dieu. Mère Térèse-Emmanuel dit que Notre-Seigneur nous traite comme des personnes délicates, qui ne savent pas encore beaucoup souffrir, et que c'est pour cela qu'il nous donne tant de consolations. Que cette Mère est admirable ici ! comme elle tient haut les âmes ! Je voudrais bien pouvoir graver dans mon cœur et encore plus mettre en pratique toutes les belles choses qu'elle nous dit. Oh ! comme je remercie Notre-Seigneur de m'avoir envoyée à Sacconex ! que de grâces j'ai reçues là ! »

L'évêque de Genève revint encore vers la fin de janvier. C'était le moment où notre armée de l'Est, épuisée et vaincue, venait après d'héroïques efforts se réfugier en Suisse. Monseigneur, ému de ces désastres, réunit les religieuses, leur parla des malheurs de la France qu'il aimait comme sa patrie, les exhortant à prier et à expier. « Son évêché est ouvert aux officiers qui y trouvent un paternel accueil, écrit sœur Térèse. Les infortunés soldats de l'Est, arrivés à Genève les jours précédents et le matin même, ont ému tous les cœurs. Monseigneur nous a dit qu'il avait l'âme navrée en voyant ces malheureux débris d'une vaillante armée accablée par les intempéries de la saison, autant que par les forces écrasantes de l'ennemi. Soixante mille hommes ont dû traverser les Vosges, à travers les neiges, à demi-vêtus, sans chaussures, sans vivres, abandonnant sur leur chemin leurs chevaux épuisés. Trois mille de ces malheureux ont eu les pieds gelés et ont déjà subi l'amputation. Monseigneur a conclu de là, qu'au milieu de tant de maux, nous devions vivre ici de prière et de pénitence pour fléchir la colère de Dieu et obtenir miséricorde. » Sœur Térèse et ses sœurs souffraient cruellement de ces immenses désastres : « Devant de pareilles épreuves, écrit-elle, on aurait honte de penser à soi et à ses intérêts personnels; les sacrifices de tous les jours semblent bien petits et on voudrait avoir à souffrir davantage. »

Le séjour à Sacconex ne devait pas se prolonger au delà de l'hiver. Dès qu'on vit une éclaircie à la suite de l'épouvantable tempête qui venait de dévaster la patrie, on songea à rentrer en France; le noviciat fut transféré à Nice, et quelques sœurs professes désignées pour différentes maisons. Sœur Térèse devait se rendre à Nimes : « Ce matin, écrit-elle à la date du 23 février, notre Maîtresse m'a fait appeler pour m'annoncer mon départ pour Nîmes. Je me suis mise près d'elle à genoux, puisqu'il s'agissait de recevoir une obéissance, et j'ai écouté ses paroles avec une joie mêlée de tristesse, car c'était une séparation.

« Chère enfant, me dit-elle, Notre-Seigneur va vous demander de donner maintenant de ce que vous avez reçu. Il vous a fait une grande grâce en vous conduisant ici, vous y avez mieux compris la vie religieuse, l'esprit de l'Assomption. Sous beaucoup de rapports, vous avez gagné et vous serez plus capable de répandre le bien autour de vous. Sans doute, vous avez encore à travailler votre caractère; mais je compte sur vous. La maison où Notre-Seigneur vous appelle est une de celles où il est exposé chaque jour : quelle grâce immense! quelle faveur!... Portez-y le recueillement, l'esprit de prière et de régularité; soyez-y l'image de la règle, faites voir qu'à Sacconex, si nous n'avions pas de couvent, la règle n'en était pas moins maintenue dans toute sa vigueur.

« Vous allez, si je puis dire ainsi, entrer dans la milice; il ne faut pas que la petite Madeleine soit moins courageuse que son frère. On vous écrit que, brave et vaillant, il a supporté les fatigues et les combats avec une grande force d'âme et qu'il est maintenant un homme. Vous aussi, mon enfant, vous allez entrer dans votre nouvelle carrière avec énergie et vous montrer une vaillante religieuse. Nous portons sur nous la croix, c'est notre étendard, nous sommes des porte-croix; mais prenez garde de ne l'avoir que sur votre habit et point dans le cœur. Remarquez que la croix que nous portons est blanche, ce doit donc être

une croix non sanglante, mais lumineuse de pureté...
Nous avançons en âge, Notre Mère et moi, il faut que
nous ayons des filles sur lesquelles nous puissions
compter pour maintenir notre chère Congrégation
dans la ferveur et le bon esprit. J'attends beaucoup
de mes petites sœurs de Sacconex. »

Sœur Térèse du Sacré-Cœur se rendit donc à Nîmes
avec quelques novices qui se dirigeaient vers Nice.
Mère Térèse-Emmanuel ne put les rejoindre que vers
les premiers jours d'avril, et fut heureuse, à son passage à Nîmes, de retrouver sa jeune professe édifiant
tout le monde par sa régularité, son obéissance et
son dévouement. Quelques nuages étaient cependant
venus assombrir le beau ciel de sa vie religieuse : elle
était triste, la prière ne la soutenait plus, tout lui
semblait difficile. Pour bien des âmes, le passage du
noviciat dans une maison de la Congrégation est un
moment pénible; on est moins soutenu, la ferveur
est moins sensible, et on éprouve un peu l'impression
d'une plante de serre chaude transplantée au dehors.
Mère Térèse-Emmanuel eut à relever le courage de
sa fille, et elle le fit en mettant sous ses yeux les
considérations de la foi : « Oh! la foi, mon enfant,
c'est là le grand refuge; une âme qui croit voit Dieu
derrière les plus sombres nuages, elle a dans son
cœur la ferme conviction que son Seigneur est là;
qu'il la voit, la regarde et ne l'abandonnera jamais.
Il y a dans la sécheresse deux grandes consolations
qui sont deux pensées de foi : *la présence de Dieu* et
la volonté de Dieu. »

L'âme de notre chère petite sœur était-elle en ce

moment assez soumise et sa volonté adhérait-elle pleinement à celle de Dieu? N'y avait-il pas quelque regret, trop senti, de ne pas accompagner Mère Térèse-Emmanuel à Nice et finir près d'elle son noviciat? Ce qui suit nous permet de le penser : « Ma mère, tout ici me semble difficile, dit la sœur, même l'obéissance : demander une permission me coûte, et, c'est peut-être une tentation, mais je sens bien que, si c'était à vous, cela me serait plus facile. — Oui, c'est une tentation, répond la Mère, c'est un manque de foi dans l'obéissance. Ne vous dites jamais une parole imparfaite, mon enfant, Jésus l'entendrait et elle affligerait son cœur. Il faut que vous charmiez ses oreilles par une belle musique. Sainte Chantal, que vous aimez tant, disait : « Seigneur, touchez telle corde de mon luth que vous voudrez, il ne résonnera jamais que cette seule harmonie : Oui, Seigneur Jésus, oui, votre volonté toute seule! » Que ce soit là votre cantique, chère enfant, voyez Dieu dans vos Supérieures et tout vous sera facile. »

Pendant son séjour à Nice, Mère Térèse-Emmanuel continua à soutenir par ses lettres la jeune religieuse qui, après bien des consolations, traversait un moment d'épreuve. Nous ne citerons que quelques fragments de cette correspondance qui nous montre avec quelle sollicitude la sainte Mère suivait ses novices, même après leur départ, dans les premières années de leur vie religieuse. Les sœurs de l'Assomption, pour qui cette notice est écrite, aimeront à retrouver ici les conseils de leur Mère, et elles la reconnaîtront à cet accent de foi qui était sa note particulière.

« Nice, 2 mai 1871.

« Je pense toujours à mes enfants de Sacconex, à notre petit chœur si recueilli et si pauvre, à notre communauté si unie. Notre-Seigneur a soufflé dessus, et nous a envoyées par le souffle de sa volonté où il lui plaît. Servez-le bien, chère enfant, où il vous met. La vraie joie, c'est d'être à Lui et pour Lui partout. »

« 15 mai.

« Faites-vous à toutes les volontés *actuelles* de Dieu sans vous laisser occuper de ceci ou de cela. Le lieu *actuel* et la volonté *présente*, voilà votre sanctification et la gloire de Dieu pour vous, chère petite sœur. Nous passons vers le ciel; nous ne reviendrons pas par le chemin que nous traversons; c'est fini chaque soir. A quoi bon s'en occuper autrement que pour plaire à Dieu? »

« 1er juin.

« Ayez bon courage, ne pensez plus à ce que vous pourriez recevoir, mais à ce que vous pouvez donner. Le temps viendra de jouir de Dieu, celui de souffrir passera et la jouissance demeurera pour toujours. Ayez foi et espérance : c'est par la foi et l'espérance des biens qui excitent l'amour que vous arriverez à l'amour. »

« 12 juin.

« J'espère que l'esprit de foi et l'énergie de l'âme tiennent votre cœur près de Notre-Seigneur : *sursum corda*. Tâchez de pouvoir dire constamment : *Habemus ad Dominum*.

« 25 juin.

« Chère enfant, votre lettre m'a fait plaisir, je suis contente d'être au courant de votre âme. Vous avez bien trouvé la cause de vos oraisons distraites dans la dissipation intérieure et le manque de silence. Il fallait être plus fidèle. Si une religieuse se laisse entraîner dès qu'il y a une pente, — c'est-à-dire une occasion extérieure — comment soutiendra-t-elle la règle et gardera-t-elle l'esprit d'oraison? On ne manque jamais de pente. Il faut devenir un petit roc qui barre le passage à l'irrégularité. Revenez au travail pour former le recueillement en vous, chère enfant : le silence d'abord, puis la mortification des sens, la prière, le regard sans cesse tourné vers Jésus-Christ pour l'imiter. Voilà ce qu'il faut faire. »

« 9 juillet.

« Pas de découragement, mon enfant, pas d'hésitation dans le devoir de sacrifier la nature à la grâce pour imiter Jésus ; mais les vues de la foi, les espérances de la gloire éternelle en retour de vos petits efforts. Pourquoi ne vouloir trouver Notre-Seigneur et aller à Lui que dans une Mère absente? Cela n'est pas d'une vraie religieuse. Ne vous affaiblissez pas en songeant aux consolations passées, au lieu de chercher à en donner présentement à Notre-Seigneur, par votre foi, votre simplicité, votre docilité toute enfantine, le voyant présent dans l'autorité de votre Mère actuelle. »

« 20 juillet.

« Je crois que Notre-Seigneur veut que vous vous dépouilliez de la recherche et de l'appui que vous preniez dans le côté sensible de vos rapports avec Lui en vous menant par les ténèbres. Rappelez-vous les brouillards de Sacconex : affirmez les belles montagnes qui vous sont cachées, et ne perdez pas votre temps à vous lamenter ou tourmenter. Vous faites connaissance avec vous-même : c'est bien pauvre, bien vide ; mais l'expérience de notre misère est un grand bien. Allez par la foi, et occupez vous de *faire* la vérité dans vos œuvres au lieu de la sentir. »

Une dernière lettre, du 31 juillet, nous apprend que sœur Térèse du Sacré-Cœur va quitter Nîmes pour se rendre à Auteuil. La Mère prend part à sa joie, lui donne ses conseils pour qu'elle profite bien religieusement de la grâce qui lui est faite.

« Puisque vous avez la joie d'aller auprès de Notre Mère générale, profitez bien de votre bonheur de l'entendre, de l'entourer, de prendre ses idées, son esprit. Devenez une véritable Assomptiade. Soyez fille de foi, d'obéissance, agissant en tout dans un esprit parfaitement religieux. Croyez, mon enfant, que vous faites en ce moment votre éducation religieuse et sur-naturelle : vous avez appris beaucoup de choses à Sacconex et à Nîmes ; vous en apprendrez plus encore à Auteuil. »

IV

SŒUR TÉRÈSE, ASSISTANTE DU NOVICIAT

Le 5 août 1871, sœur Térèse du Sacré-Cœur revenait à Paris avec sa cousine religieuse qu'elle avait
retrouvée à Nîmes, et toutes les deux rentraient les
yeux pleins de larmes dans ce cher monastère d'Auteuil où la Commune avait amoncelé tant de ruines.
Sœur Térèse fut provisoirement attachée à l'Économat pour lequel elle était douée d'aptitudes peu ordinaires. Lorsque le pensionnat fut rouvert, on la
nomma maîtresse de classe avec sœur Madeleine de
Jésus, chargée de la former pour cet emploi, et nous
n'avons pas besoin de dire l'union qui régna entre
les deux cousines, heureuses de travailler ensemble à
la gloire de Dieu et au salut des âmes.

Au printemps de l'année suivante, Mgr de La Bouillerie vint recevoir les vœux définitifs de celle qu'il
appelait « sa chère nièce ». Je m'estime heureux, lui
disait-il, d'avoir pu guider vos premiers pas dans la
vie religieuse, et j'espère que mes tournées pastorales
ne m'empêcheront pas de trouver un jour libre pour
la cérémonie. L'évêque de Carcassonne ne s'en cachait plus maintenant. Il s'était compromis plus que

personne dans l'affaire de la vocation de Madeleine de Foucault, et quel dommage que nous n'ayons pas pu retrouver les traces de son influence discrète, mais profonde!

Sœur Térèse, ayant à choisir la devise qui devait être gravée sur son anneau d'alliance, avait eu la pensée de prendre : *Sursum corda;* mais Dieu permit qu'au dernier moment une autre parole fût choisie pour elle : *Pone me ut signaculum super cor tuum.* C'est la devise qu'elle devait réaliser dans sa vie par de grandes souffrances et une très intime union au Cœur de Jésus, posé comme un sceau sur son cœur.

Ce fut le 8 avril 1872 qu'eut lieu la cérémonie de profession. La fête de l'Annonciation avait été transférée à ce jour, et Mgr de la Bouillerie, s'inspirant comme toujours de l'Écriture Sainte et de la Liturgie, rapprocha la scène évangélique d'une autre scène, la vocation religieuse. Il rappela à la jeune professe les joies du premier appel : maintenant le sacrifice allait être consommé, et l'Époux divin en donnant à son Épouse l'anneau de l'alliance éternelle allait lui dire : *Pone me super cor tuum et super brachium tuum.*

Nous détachons quelques passages de ce beau discours :

« *Missus est Angelus ad Virginem Mariam.* L'Évangile que je viens de lire place devant mes yeux une scène à la fois auguste et charmante. Au fond d'une petite bourgade de la Judée, dans une pauvre maison de Nazareth, deux personnages se rencontrent : un ange et une vierge. C'est l'époque où le monde entier s'abîme dans la fange de l'impureté, et où vraiment toute chair a corrompu sa voie; et voici que dans une humble maison apparaît tout ce qu'il y a de plus pur parmi les créatures de Dieu : un ange et une vierge. L'ange est venu du ciel, la vierge habite la terre; mais de ces deux créatures, on ne saurait dire laquelle est la plus céleste. L'ange s'incline et commence ce divin colloque d'où date la régénération du monde : *Ave gratia plena.* O vous qui êtes pleine de grâce, je vous salue, le Seigneur est avec vous : *Dominus te-cum.....*

« Cette scène touchante ne se renouvellera-t-elle plus? Est-ce que dans la suite des siècles, le monde chrétien ne verra plus quelque chose de semblable?... Gardez-vous de le croire. C'est le propre des mystères de Jésus et de Marie, d'être doués d'une fécondité merveilleuse et de se reproduire dans le cours de la vie mystique de l'Église.....

« Quelle est la vierge chrétienne qui, remontant le passé, ne garde le souvenir du jour béni où elle fut saluée par l'ange? C'était dans la demeure de son père et de sa mère; elle s'était fait là une cellule comme à Nazareth : étrangère au milieu du monde, elle priait, elle pleurait, elle sentait son cœur s'éprendre chaque jour du saint amour. Alors, l'ange est venu, il s'est incliné : *Je vous salue, pleine de grâces.* Oui, vierge chrétienne, vous êtes pleine de grâces parce que vous rejetez les noces profanes pour n'avoir d'autre époux que Jésus-Christ, parce que vous avez méprisé les vaines parures et les ornements du monde, ne désirant vous parer, comme Agnès, que des perles invisibles. Vous avez renoncé à toutes choses, et par dessus toutes choses à vous-même, pour ne vivre que de la volonté du Seigneur. Vous êtes chaste, pauvre, obéissante, le Seigneur sera votre partage : *Le Seigneur est avec vous.*

« Jésus s'est donné à Marie comme un Fils. Pour vous, si j'ose le dire, il fera plus encore; il est votre Époux dans l'Éternité : *Sponsabo te in sempiternum.* O amour pur et chaste, qui loin de souiller les âmes les purifie et les fait resplendir! O union heureuse qui, au milieu des misères de la vie, fait goûter des joies célestes, et dans laquelle les peines, les souffrances même se transforment en joies! Union qui ne se brise jamais, car au Ciel, le chœur des Vierges fera l'éternel cortège de l'Agneau.

« Cette union, ma bien chère enfant, vous allez la contracter. Vous aussi, vous avez été saluée par l'ange, pleine de grâces. Nul mieux que moi ne sait celles que vous avez reçues, et combien vous soupiriez après le jour auquel nous sommes arrivés... Aujourd'hui, la parole retentit : *Ecce sponsus venit.* Voici que l'Époux vient, allez à sa rencontre. Le voile qui s'étend sur votre tête est déjà un signe que vous avez renoncé à toutes choses pour l'Époux divin, et voici que Jésus-Christ va vous dire lorsque je vous passerai au doigt l'anneau de l'alliance : *Pone me ut signaculum super cor tuum et super brachium tuum.* Pose-moi comme un sceau sur ton cœur pour qu'il soit à moi tout entier, sur ton bras pour que de toutes tes œuvres, tu n'aies pour objet que ma gloire. Désormais, Épouse du Christ, oubliant ce qui est derrière vous, courez heu-

reuse vers ce noble but, ne regardez plus en ar-
rière. »

Nous ne pouvons omettre de mentionner ici un
chagrin de famille qui vint douloureusement affecter
le cœur de sœur Térèse, restée très fidèle aux affections de son enfance et aux souvenirs du toit paternel.
Le vénérable vieillard que nous avons vu au commencement de cette histoire protéger et encourager
sa vocation religieuse, M. le marquis de Foucault,
s'éteignait doucement à La Flèche, laissant à ses enfants ces admirables adieux où l'on sent la foi du
chrétien et la tendresse du père : « Adieu, mes enfants,
je vous remercie du respect, des égards et des attentions que vous avez eus pour moi, et avec lesquels
vous avez répondu au tendre attachement que j'ai
pour vous. Quand vous penserez à moi, priez pour
moi, car, si j'ai toujours vécu en craignant Dieu, je n'en
ai pas moins trop abusé des grâces que j'ai reçues et
j'ai un grand compte à rendre. Élevez soigneusement
vos enfants dans les principes de notre sainte religion,
afin de transmettre à nos descendants cette tradition de piété qui, depuis des siècles, a distingué notre famille. Si le Seigneur daigne m'admettre un jour
dans son sein, je ne cesserai de prier pour vous ; tâchez de venir m'y rejoindre, vous et tous les vôtres. »
Ne voulant pas priver ses petites-filles religieuses de
sa bénédiction paternelle, le saint veillard écrivit à
chacune d'elles ces mots profondément touchants :

« Je te bénis, ma chère Madeleine, au nom du

Père, du Fils et du Saint-Esprit. Je remercie Dieu de la bienheureuse vocation qu'il t'a inspirée et qui donne plus de prix à tes prières. Ne cesse pas d'intercéder pour moi auprès du Seigneur tout-puissant; et, s'il le permet, je lui adresserai constamment mes vœux pour ton salut éternel.

« Ton grand-père,

« Marquis de FOUCAULT. »

Le lendemain, 19 juin 1873, le vénéré patriarche allait recevoir au ciel la récompense de ses vertus. Il mourait dans sa quatre-vingt-quinzième année au milieu de ses enfants et petits-enfants réunis autour de lui dans un même sentiment d'admiration et de filiale tendresse. « Il nous laisse, écrivait un de ses petits-fils, l'exemple d'une vie toute de dévouement et d'honneur, de fidélité politique; de foi religieuse et de charité. » Les pauvres de la Flèche suivirent en pleurant le convoi funèbre. Ce fut un deuil public (1).

(1) « M. le marquis de Foucault vient de mourir, lisons-nous dans le *Journal du Loir* du 20 juin 1873. Quoiqu'on s'attendît à ce dénoûment rendu inévitable par l'affaiblissement toujours croissant du vénérable malade, cette nouvelle a causé dans la ville une véritable stupeur. Cette mort est une vraie calamité publique : c'est une grande perte pour tous les membres de sa famille dont il était le conseil, une perte pour la ville qu'il honorait par ses rares qualités plus encore que par la noblesse de sa naissance, pour la paroisse dont il était la couronne, comme le disait naguère le digne curé de La Flèche. C'est une perte pour la Conférence de Saint-Vincent-de-Paul dont il était le président, l'âme et le soutien; enfin, c'est une perte irréparable pour les malheureux qui ne frappèrent jamais en vain à la porte de sa maison et de son cœur. Après une carrière de 95 ans, ce noble vieillard, cet admirable chrétien, cet homme si distingué, d'une foi si vive et

Suivons maintenant notre jeune religieuse dans un nouvel emploi où elle va se préparer aux charges plus importantes qui lui seront bientôt confiées. Le noviciat était depuis longtemps revenu de Nice à Auteuil, et Mère Térèse-Emmanuel ayant besoin d'une assistante demanda qu'on lui adjoignît sœur Térèse du Sacré-Cœur. « Je la trouve si vertueuse, disait-elle, si édifiante, d'un tact si sûr, d'un jugement si sage!... elle est habile à se rendre compte de tout, et en rend compte avec droiture et netteté. »

Voici donc sœur Térèse constituée pour la première fois en autorité. Le fardeau ne lui sembla pas trop lourd parce que sa responsabilité était partagée et qu'au fond elle n'avait qu'à obéir. Comprenant que son rôle était de s'absorber dans la maîtresse des novices, elle lui dévoua toute sa personne : son esprit, son cœur, son activité, son temps. La confiance que lui témoignait Mère Térèse-Emmanuel lui donnait du courage et l'aidait à bannir peu à peu cette défiance de soi-même qui ne vient pas toujours de l'humilité. Les qualités de gouvernement qui devaient plus tard la distinguer, commencèrent dès lors à paraître, je veux dire le coup d'œil prompt et juste, la précision dans la volonté, la douceur ferme et la délicatesse dans le maniement des âmes.

En s'abritant derrière l'autorité de la Maîtresse des novices, l'Assistante s'assurait dans ses rapports avec les sœurs une influence que son âge et son expérience ne

si agissante, *ce juste* en un mot est allé recevoir la récompense que Dieu a promis à ceux qui ont combattu le bon combat, qui ont consommé leur course et qui ont passé en faisant le bien. »

pouvaient encore lui donner. Toutes remarquaient le parfait accord de ces deux âmes, la soumission toute filiale de sœur Térèse et son respect pour les moindres recommandations de Mère Térèse-Emmanuel. « Son attitude humble et recueillie me frappait spécialement aux instructions du noviciat, écrit une religieuse ; elle écoutait avec la docilité et l'attention d'un petit enfant. » Joignez à cela le bon exemple qu'elle eut à cœur de donner partout et toujours, sans s'épargner, sans se démentir, avec une énergie telle qu'on l'entendit un jour stimulant sa volonté, sans doute un peu lasse, se dire assez rudement : « Travaille, misérable, travaille!... »

Du moment que pour exécuter les avis et les recommandations de l'Assistante, il n'y avait qu'à la la suivre, on la suivait. « Elle expliquait les règles et observances du noviciat avec un tel accent de conviction, dit une sœur, qu'en l'écoutant je me figurais naïvement qu'on ne pourrait jamais les enfreindre. » Sa conviction venait surtout du zèle qu'elle avait à les mettre en pratique. On dit pourtant que son amour de la discipline exposait sœur Térèse à dépasser parfois la mesure dans la répression des petites infractions. Pas de transactions avec la règle. Comme elle n'en tolérait pas pour elle-même, elle n'en savait pas tolérer pour les autres lorsqu'elle en était chargée, et il est possible que, par excès de zèle, elle ait quelquefois laissé prendre le pas à la force sur la douceur.

« N'étant encore que postulante, écrit la sœur dont nous avons déjà cité le témoignage, j'avais un jour encouru quelque blâme pour je ne sais quelle négligence. Sœur Térèse ne faillit pas à son devoir et m'adressa sans ménagement la réprimande que je méritais. Je n'en fus nullement blessée, mais elle crut sans doute m'avoir fait de la peine. Quand vint le soir, je remontais tranquillement à ma cellule après l'office ; la chère Assistante m'attendait sur le palier du premier étage. Ne voulant pas violer le grand silence, elle me prit doucement la main et me remit un petit billet dans lequel elle s'accusait à son tour et me demandait pardon pour le chagrin qu'elle pouvait m'avoir causé. Cette démarche m'édifia beaucoup. »

C'est la première fois que sœur Térèse se trouve en faute dans l'usage de l'autorité, ce ne sera pas la dernière. A cet égard, elle se montra toujours plus sévère pour elle-même que pour celles qui avaient à lui obéir. Après le souci d'exercer le commandement selon Dieu, et non suivant le penchant de son caractère, elle n'en eut pas de plus grand que celui d'être assez humble pour réparer les moindres abus d'autorité qui lui échappaient de temps en temps. Elle put être ferme, sévère même, mais humble et bonne bien plus encore. La force de son âme tendit toujours à se transformer en bonté : *De forti egressa dulcedo.* Cette bonté se révélait alors par le don d'encourager et de soutenir les âmes dans les moments d'angoisse ou de faiblesse par lesquels on passe quelquefois durant les premières années de la vie religieuse.

Sœur Térèse du Sacré-Cœur eut toujours cet heureux don de consoler et d'encourager. Malgré sa nature un peu raide, elle avait de l'onction et savait parler de Dieu; c'est le témoignage de toutes celles qui l'ont connue. D'où venait cette onction? On se l'est demandé souvent. Elle venait de sa vie intérieure. le secret de son influence est là. Cette nature vive : personnelle, dominante même, avait reçu de Dieu un contre-poids divin : c'était une dévotion très tendre au Sacré-Cœur de Jésus. Il y avait là un attrait de grâce directement opposé à toutes ses tendances naturelles, la grâce devait triompher. Dès son enfance, nous l'avons dit, sœur Térèse s'était sentie fortement attirée vers le Cœur du divin Maître, sans bien comprendre la mystérieuse grandeur de cette dévotion et encore moins ses applications pratiques. L'heure est venue où ce mystère d'amour va s'emparer de sa vie et l'animer d'un nouveau souffle. Les premières lumières révélatrices, les touches profondes de la grâce nous paraissent dater du mois de juin 1875 : c'est le point de départ d'une vie nouvelle. Sœur Térèse écrit tous les jours ses impressions pendant ce mois béni où pour la première fois elle nous parle de son âme ; jusque-là, elle s'était contentée de recueillir les avis de sa maîtresse et de se les appliquer le mieux possible. Maintenant c'est elle qui parle à Jésus-Christ et c'est Jésus-Christ qui lui parle ; elle ne veut rien perdre des lumières qu'il daigne lui communiquer, des sacrifices qu'il lui fait entrevoir.

« Fête du Sacré-Cœur, 1875.

« Je me suis approchée ce matin du Cœur de mon divin Seigneur comme on s'approche du cœur d'un ami, d'un père, d'un époux ; j'ai été lui demander de suppléer à mon indigence, de me donner pour que je lui donne. Je lui ai demandé de mettre dans mon âme de l'ardeur, de la générosité pour que je le serve en épouse fidèle et sois plus fervente à lui donner ce qu'il me réclame sans cesse. Et que me demande-t-il? D'incliner mon cœur aux vertus qui lui sont chères : *Discite a me quia mitis sum et humilis corde.* Étudier les dispositions de son divin Cœur et former le mien sur le sien. Me former, me mouler sur lui. Aller à lui comme à ce foyer embrasé d'où l'on retire cette ardeur qui a enflammé le cœur des saints, éloigner tout ce qui n'est pas lui, tout ce qui ne va pas directement à lui. Il est riche de tous les biens, le Cœur divin de mon époux, et il m'aime. Il aime cette pauvre petite âme et veut qu'elle soit toute sienne. Pourquoi donc m'effrayer de ma pauvreté, de ma petitesse? c'est elle qui attire les regards de mon Seigneur et de mon Maître. »

Puis elle s'écrie dans le sentiment profond de son indigence : « Suppléez, Seigneur, suppléez. Sang de Jésus, lavez mon âme, Cœur de mon Sauveur, offrez pour moi, demandez pour moi, donnez pour moi. Faites que, me dépouillant chaque jour de moi-même, je vous fasse la place plus grande, je vous laisse régner, dominer de telle sorte que Térèse ne soit plus rien, mais que Jésus soit sa vie, qu'il resplendisse en elle. »

Suivent les conclusions pratiques que notre fervente religieuse n'oublie jamais : son caractère net et positif les veut toujours immédiates, et souligne même les mots : « Pour cela, *aujourd'hui même*, m'appliquer à détruire ce qui paraît *trop de moi*, diminuer dans ma propre estime et incliner mon cœur vers tout ce qui est *petit* et *bas*. Ne pas seulement accepter ce qui m'abaisse, mais bien des fois dans la journée, aller au Cœur de Jésus pour puiser en lui l'amour de tout ce qui m'humilie. Lui faire le don de tout moi-même et lui demander de me prendre de telle sorte qu'il y ait plus rien *pour moi*, mais que tout soit *pour lui*. »

Chaque jour la grâce s'accentue davantage, et la lumière devient plus vive sur les sacrifices à faire et les vertus à acquérir ; Jésus-Christ à son tour précise ses demandes : « A l'école du Cœur de Notre-Seigneur qui veut me servir de Maître pendant ce cher mois du Sacré-Cœur, je souhaite d'apprendre l'*humilité* et la *douceur*. C'est en cela qu'il veut que je l'imite ; chaque fois que je me présente devant lui, c'est cette parole qu'il m'adresse : *Discite a me quia mitis sum et humilis corde* ; c'est celle qui me revient à l'esprit tout le jour dans mes occupations. — Comment devenir douce et humble?... Il m'a semblé entendre Jésus me dire au fond du cœur : En me regardant, en t'abaissant, en aimant ce qui est petit et caché, en ne cherchant ni les affections, ni l'approbation ; mais mon seul regard. »

Sœur Térèse avait répondu aux demandes du divin Maître par des efforts soutenus qu'on peut suivre dans les pratiques indiquées pour chaque jour ; elle va les couronner par un acte de consécration qui la livre tout entière à Jésus-Christ.

« 3o juin, jour de la Consécration.

« Après ma communion, ce matin, je me suis consacrée au divin Cœur de mon Seigneur et j'ai tâché de le faire le plus pleinement possible, ne me réservant rien. Cet acte était un besoin pour mon cœur. Il fallait lui donner un appui sûr, solide, un appui qui ne pourra jamais lui faire défaut, dans ce moment où tout me semble si chancelant, si misérable en moi. J'ai donc pris tout mon être et je l'ai consacré au Cœur de mon Dieu, puis ne me contentant pas de cette donation générale, j'ai pris chaque partie de moi-même : intelligence, cœur, volonté, tous mes sens et toutes mes facultés, et un à un, j'ai tout donné à Notre-Seigneur, lui demandant de les garder pour lui, d'en user pour lui, et de les prendre si complètement que jamais je ne cherche à en faire usage pour moi. La chose donnée appartient à celui à qui elle a été donnée, le donateur n'a plus de droit sur elle. Je suis la chose de Dieu, il m'a prise, je me suis livrée au Cœur de mon Jésus; à lui d'exercer sur moi ses droits divins...

« Il y a maintenant un grand travail de réformation à faire; je l'entrevois, car ma consécration ne doit pas être une simple formule. Il y aura des luttes, je le sais; mais je marcherai *sans voir*, malgré mes répugnances. Si je ne puis rien dire à Notre-Seigneur, je puis *prier par mes actes*, c'est-à-dire faire si bien chacune de mes actions, en purifier tellement l'intention que ces actes deviennent une protestation énergique de mon amour. »

Ce travail de sanctification fut réel, les sœurs qui vivaient auprès de sœur Térèse purent toutes s'en apercevoir. « J'étais frappée, dit l'une d'elles, de la ferveur avec laquelle on la voyait faire ses moindres actions. Elle me semblait avoir surtout pris à cœur d'imiter la douceur et l'humilité de Notre-Seigneur. Si Mère Térèse-Emmanuel reprenait une novice pour quelque négligence, elle s'accusait aussitôt de n'avoir pas veillé à ce que les choses se fissent bien, et Dieu sait cependant quel soin elle prenait pour nous former ! Je remarquais dans toute sa conduite une énergie qui ne se démentait jamais et qui parfois la rendait rude pour elle-même ; mais elle ne l'était plus pour les autres... *Douceur* et *force*, voilà le souvenir qui me reste d'elle ; ce sont les vertus qui me semblent le mieux caractériser cette âme que l'on sentait toujours sous l'action de Notre-Seigneur. »

L'œuvre commencée pendant le mois du Sacré-Cœur devait se continuer pendant la grande retraite des vacances ; nous y voyons Notre-Seigneur développer son plan, sa pensée, les desseins qu'il réalisera plus tard. L'âme écoute docile et cependant troublée, car elle sent jusqu'où ira le sacrifice.

« Que voulez-vous de moi, Seigneur ? dit Térèse en commençant sa retraite : *Paratum cor meum !* Pourquoi ces sollicitations pressantes, répétées ? que cherchez-vous dans mon cœur, que demandez-vous ? Vous me poussez, vous me pressez, et me faites comprendre qu'il s'agit ici d'un grand travail, d'un grand détachement et dépouillement de mon être. Il faut *marcher*, *avancer, partir,* ne plus être moi-même, faire mourir la nature pour que vous bâtissiez, faire table rase pour que vous éleviez un temple sur le terrain inculte de mon âme. Vivre dans un *état de sacrifice,* afin que de cet état découlent tous les actes de ma vie... Comment répondre à ces demandes?... *Me livrer à Jésus* comme il s'est livré : *Tradidit ;* me laisser entièrement à sa disposition pour qu'il me prenne ou me laisse, se serve de moi ou ne s'en serve pas, ne pas m'inquiéter de ce qu'il me demandera, de la part de souffrances qu'il me réserve ; mais me tenir dans un état de dépouillement et de sacrifice, ayant la croix de mon Sauveur sous les yeux, et cette parole si souvent répétée dans sa Passion gravée dans mon cœur : *Tradidit.* »

Dès le lendemain, le combat commence ; la voici en proie à l'inquiétude et au trouble : « Je sens la lutte et j'ai peur ; la nature parle, réclame et discute avec la grâce ; mais cette dernière doit nécessairement l'emporter, je suis en retraite pour écouter ce que Notre-Seigneur me dit et non pas pour écouter ce que la nature demande. »

La lutte continue encore plusieurs jours : « J'ai passé ma journée d'hier dans le trouble et l'effroi ; je me disais qu'un *état de sacrifice habituel* était bien au-dessus de mes forces, puisque des actes passagers de sacrifice m'étaient même difficiles. Que promettre, cela était de la présomption, de l'orgueil, et je suppliais Notre-Seigneur de ne pas me demander ce que je ne pourrais pas lui donner. Ce matin, à ma communion, Notre-Seigneur m'a répondu par ce seul mot : *Ma grâce te suffit*. Cette parole m'a donné une grande paix. »

Cinquième jour. « Je ne *veux* et ne *peux* plus résister aux sollicitations de Notre-Seigneur; j'accepte ce qu'il demande de moi, à savoir la destruction de moi-même, la vie, l'état de sacrifice. Je ne veux plus penser à ce qu'il me faudra quitter pour en arriver là, mais regarder à qui je vais et ce pourquoi je me donne. Je quitte ce qui est néant, mais qui fait partie de mon être et ne peut être laissé sans de douloureux brisements; je vais à celui qui est Vérité, Beauté, Sagesse, mais placé dans une sphère élevée, auquel je ne puis atteindre sans efforts. Notre-Seigneur a ses desseins; quand il demande, il donne, j'irai donc en avant. *Tua sum ego. Ecce venio ut faciam voluntatem tuam. Ecce ancilla Domini. Anima mea vivet illi.* Je travaillerai courageusement, comme un ouvrier à la journée, et si la journée semble trop longue pour ma faiblesse, je prendrai la demi-journée, je prendrai 24 heures, une heure et recommencerai ensuite. »

Le sixième jour de la retraite, Térèse se déclare complètement vaincue, la lutte ne lui semble plus si difficile, elle se voue à Dieu par de nouvelles promesses qu'elle regarde comme un acte solennel qui engage sa vie tout entière et l'établit dans un état d'immolation et de sacrifice : « *Je suis vaincue,* Seigneur, je l'étais hier soir après avoir entendu parler de vos excès d'amour pour moi, je le suis plus encore ce matin après vous avoir reçu dans mon cœur. J'ai donc promis à Notre-Seigneur après ma communion de vivre *sacrifiée,* et comme un état et une habitude ne peuvent se former sans une succession d'actes, j'ai promis de ne jamais balancer devant une chose qui coûterait à ma nature, qui la ruinerait, la diminuerait, l'abaisserait. J'ai promis de soumettre toujours, d'incliner ma volonté vers celle de toute Supérieure qui me serait donnée; de sacrifier ma personnalité en travaillant chaque jour à la détruire. J'ai promis enfin de craindre ce qui me donne une joie trop naturelle, de mortifier mes goûts, mes attraits et mes désirs. *Christus non placuit sibi.*

« Cette promesse, je l'ai faite sans entraînement, sans enthousiasme, mais sérieusement, paisiblement et joyeusement; je ne l'ai point faite par vœu; mais depuis ma profession, je n'ai rien fait de plus sérieux; je me suis souvent donnée à Notre-Seigneur, mais pas de cette façon; et maintenant, Seigneur, que le pacte est signé, vous m'aiderez à le remplir, car vous savez bien que sans vous *je ne puis rien faire.* »

Il faut du temps pour qu'une âme s'établisse dans un état réel de renoncement et d'immolation, mais y aspirer, y travailler sans cesse, c'est ce qui constitue la vraie religieuse. Sœur Térèse le comprit; les lumières qu'elle reçut dans cette retraite devaient éclairer sa vie : c'était comme un programme divin à réaliser. Dans ses lettres de direction comme dans ses notes intimes, nous la verrons revenir souvent à la pensée qui a dominé la retraite de 1875 et aux engagements qu'elle y a pris.

La voix de l'obéissance allait du reste, en lui imposant un sacrifice, lui fournir l'occasion de montrer à Notre-Seigneur un amour généreux et désintéressé. Des raisons de santé firent décider assez brusquement le départ pour Nice de trois novices, qui devaient passer l'hiver dans le Midi et y rester peut-être jusqu'à la fin de l'année. Sœur Térèse leur fut donnée comme Assistante afin que l'éloignement momentané du noviciat n'arrêtât pas leur formation religieuse. Formée à l'école de Mère Térèse-Emmanuel, elle était plus apte que toute autre à remplir ce ministère de confiance. Elle partit donc pour Nice le 18 octobre 1875, sans paraître souffrir de la séparation; et cependant des liens bien chers l'attachaient à Auteuil, mais son cœur était devenu libre et fort. « A l'Assomption, disait-elle, ce qui nous unit, ce n'est pas de vivre les unes auprès des autres, mais de travailler, n'importe où, à la même œuvre, par les mêmes moyens, dans le même but. »

Ce sentiment de l'unité qu'elle avait à ce premier départ, et qu'elle conserva toujours, allait lui servir à Nice dans la fonction délicate qui lui était confiée. « Ce n'est pas moi, écrivait-elle, qui chercherai à donner aux sœurs d'autres idées que celles de la Maison-Mère. Le contraire serait plutôt à craindre, car j'ai peur parfois de trop parler d'Auteuil. Ma préoccupation constante est de dire ce que je vous ai entendu dire, et de ne mettre en avant que la Règle. »

Les réminiscences abondaient en elle, et sa filiale admiration pour les enseignements du noviciat lui donnait la confiance qu'elle n'était guère exposée à s'en écarter. Pour en être bien sûre, elle écrivait le plus souvent possible à Mère Térèse-Emmanuel, lui rendant compte de tout, de la santé des sœurs, de leurs occupations, de leurs progrès dans la vertu et de ce qu'elle faisait elle-même pour les aider dans ce travail. « Comme vous le désirez, je fais le noviciat quatre fois par semaine. Cela m'a beaucoup coûté au premier moment; mais je me suis souvenue de la parole de la Règle : « Les « Sœurs ne craindront pas d'entreprendre par obéis- « sance, même ce qu'elles croiraient ne pouvoir ac- « complir autrement », et je ne me suis plus inquiétée. Chaque fois, je commence par prier Notre-Seigneur de me suggérer ce qui serait tout à fait approuvé par vous. Je me sers de sainte Chantal, des chapitres de Notre Mère et du souvenir de vos saints ensei- gnements. »

Sœur Térèse du Sacré-Cœur avait aussi un appui dans la Supérieure qu'elle trouvait à Nice et elle sa- vait en profiter. Les sœurs qui ont eu le bonheur de connaître Mère Marie-Claire du Saint-Sacrement nous en voudraient de ne pas interrompre un moment notre récit pour rappeler le souvenir « de cette reli- gieuse si parfaite, qui portait en elle tant d'attraits de nature et de grâce : dans son regard, une céleste limpidité; dans sa parole, la charité et l'ardeur paci- fique d'une âme qui s'est vaincue et demeure maî- tresse d'elle-même; dans son commandement, la sua- vité unie à la force; sur toute sa personne enfin comme un manteau de pureté. »

Nous détachons ces quelques traits de l'image tra- cée par la Supérieure générale elle-même dans le cha- pitre qu'elle tint à Auteuil deux jours après la mort de Mère Marie-Claire, le 10 juin 1877. Elle résuma sa vie dans un mot admirable de l'Imitation : « Son âme avait des ailes, les deux ailes qui élèvent à Dieu : la simplicité et la pureté. » Pour justifier cette application, bien des traits furent cités; nous ne rappellerons qu'une seule parole, simple et sublime à la fois. Quelques jours avant de mourir, Mère Marie-Claire disait : « J'ai fait peu de chose dans la Congrégation, mais toute ma vie j'ai désiré donner la paix et la joie à tout le monde. »

La mémoire de cette Supérieure se rattache d'une manière étroite à la vie intime de sœur Térèse par un fait que nous allons raconter. Disons d'abord combien elle l'aimait, la vénérait, s'aidait de ses conseils : « Mère Marie-Claire est extrêmement bonne pour moi, écrivait-elle; je remercie Notre-Seigneur de m'avoir rapprochée d'elle; du reste, il m'a toujours gâtée, me mettant en rapport avec des personnes qui m'ont fait du bien. Aussi, comme je serais coupable, si je n'avançais pas un peu! »

Notre sœur avançait, en effet, et on va voir où elle était déjà parvenue dans la voie de l'abnégation. Dans une lettre adressée à Mère Térèse-Emmanuel à la fin de novembre, sœur Térèse, après avoir exposé l'état de santé de la Supérieure de Nice qui se trouvait en ce moment fort malade, ajoutait : « Voilà les nouvelles : je voudrais qu'elles fussent meilleures. Je suis triste de penser que Notre chère Mère générale va avoir un nouveau sujet d'inquiétude! Il m'est venu une inspiration devant le Saint-Sacrement; je n'ose m'en ouvrir à Notre Mère dans la crainte de n'être pas exaucée, et j'ai préféré vous le dire à vous tout d'abord. J'ai le désir de me proposer à Notre-Seigneur pour souffrir, ou même pour chose pire encore, si cela lui plaît, à la place de notre chère Mère Marie-Claire. Elle est si charmante Supérieure et religieuse si parfaite que je ne puis m'accoutumer à l'idée que sa santé mette obstacle au bien qu'elle pourrait faire. Je vous en supplie, chère mère, plaidez ma cause auprès de notre Mère générale. Veuillez observer que je n'ai jamais eu la pensée de recourir à ce sacrifice pour personne. Pourquoi Notre-Seigneur me l'aurait-il suggéré cette fois, si cela ne devait être d'aucune utilité? »

Ainsi plaidée, la cause devait être perdue. Le meilleur argument contre sa demande se trouvait involontairement fourni par sœur Térèse elle-même : c'était cette humilité naïve, cet oubli de soi dans l'intérêt commun, ce détachement des choses présentes qui ressortent à chaque mot de la lettre que nous venons de lire. Aussi reçut-elle d'Auteuil la réponse suivante : « Notre Mère ne veut pas que vous fassiez votre offrande. Il faut laisser Dieu agir comme il l'entend; c'est à lui de choisir. Prions pour que le calice s'éloigne de nous, mais remettons-nous en à sa sainte volonté. »

Sœur Térèse voyant son offrande refusée ne se découragea pas; il y a bien des manières de s'immoler à Dieu, et la vie religieuse bien comprise n'est-elle pas un perpétuel sacrifice? Elle reprit donc humblement son travail auprès de ses trois novices, se donnant à elles et tâchant de leur rappeler de son mieux la mère absente. Les sœurs s'apercevaient de l'union qui existait entre Nice et Auteuil, entre l'Assistante et la Maîtresse des novices; aussi s'abandonnaient-elles avec docilité à la direction qui leur était donnée. Du reste, sœur Térèse prêchait surtout d'exemple, s'appliquant à seconder le mouvement de la grâce et à rendre les âmes ferventes et généreuses. A défaut d'une grande science, elle avait pour la guider un rare bon sens, l'expérience personnelle, une foi vive, et par-dessus tout l'amour de Jésus-Christ et des âmes.

« Je me dis que ce que j'enseigne aux autres, je dois le faire d'abord, et c'est une des pensées qui m'aident le plus. Je tâche d'être fidèle à Dieu pour ne pas m'éloigner de sa lumière, et Dieu me prête secours. » Une de ses novices était venue lui parler de l'abandon dans lequel la laissait Notre-Seigneur et du découragement qui s'emparait d'elle. « Je lui réponds ce que je me dis à moi-même, c'est que la ferveur ne consiste pas à jouir de beaux sentiments, mais à apporter la plus grande fidélité pratique dans les moindres détails de la vie (1). »

Sœur Térèse a du coup d'œil, son jugement est déjà remarquablement sûr. La base ordinaire de ses observations pour le discernement des âmes est toute simple : le plus ou moins d'oubli de soi. La novice conserve-t-elle une certaine indifférence au sujet de sa santé? Sa vie intérieure n'y est-elle pas trop asservie? Le caractère reste-t-il bon? Considérant l'avenir, elle donne son avis sur l'utilité probable de chacune au bien général de la Congrégation. La simplicité sur-

(1) *Lettre à Mère T. Emmanuel.*

tout attire son attention, c'est à ses yeux une des marques caractéristiques de la vocation à l'Assomption. « Simplifions-nous, » disait-elle souvent.

Par tous les moyens d'influence et d'autorité dont elle pouvait disposer, l'Assistante s'appliquait à ce que la vie commune, loin d'être à charge, fût la source des plus douces satisfactions. « Je travaille à maintenir entre nous des rapports faciles et doux : il ne m'appartient pas de vous dire si je réussis; mais au moins suis-je entièrement convaincue qu'il n'y a rien de plus important. » Elle veillait à ce que la plus franche gaieté régnât dans les récréations. Sa charité devenait alors l'art charmant de distraire saintement ses compagnes : art digne d'envie qui est un don du ciel et qui exige un peu d'esprit et beaucoup de vertu. « Nous avons célébré la fête de Notre Mère le même jour qu'à Auteuil, écrit-elle à Mère Térèse-Emmanuel; j'avais le cœur triste, mais je ne l'ai pas laissé voir et j'ai tâché de mettre de l'entrain dans notre petite fête qui a été vraiment très joyeuse. »

Malgré ses soins, les regrets du noviciat, les souvenirs si doux de la Maison-Mère venaient quelquefois attrister les trois petites sœurs exilées loin d'Auteuil et retardées ainsi dans leur vie religieuse. Alors sœur Térèse reprenait la plume : « Un mot de vous, ma chère Mère, s'il vous plaît. Les sœurs le désirent ardemment. En attendant, et pour calmer leur impatience, je ne cesse de leur dire que vous priez beaucoup pour nous. N'est-ce pas que je ne les trompe guère? » La réponse ne se faisait pas attendre, Mère Térèse-Emmanuel envoyait sans retard de petits mots tels que celui-ci : « Je pense bien à vous toutes, mes enfants, et spécialement à vous qui portez tout mon cher monde. J'espère qu'il ne pèse pas trop, et que chacune se rend légère à force de bonne volonté et de ferveur. J'y compte; on prend des ailes quand on veut, et je sens que toutes en veulent pour s'élever vers Notre-Seigneur, comme de vraies Assomptiades. »

Le nombre si restreint des sœurs de Nice et l'état de santé de la plupart d'entre elles s'opposait à la récitation de l'office en commun. C'était une privation fort sensible à des religieuses habituées aux belles cérémonies d'Auteuil. « J'espère, écrivait sœur Térèse, que Notre-Seigneur nous tient compte de ce sacrifice qui est vraiment bien grand. Pour me dédommager, je me suis mis en tête de faire un chœur avec mon ange gardien. » Mais cette idée n'était pas venue aux autres sœurs, et elles ne se croyaient pas tenues autant que la Supérieure à la prudence, se sentant capables de tout. Un petit renfort de voix étant arrivé, sœur Térèse à qui cette présomption ne déplaisait pas, se chargea, avec l'autorisation de Mère Claire, de présenter une humble requête à la Supérieure générale. « C'est un vide réel dans notre vie de ne pas dire l'office ensemble. Du reste, nous nous sommes essayées : à chaque solennité, nous avons récité Vêpres, et je vous assure que nous formons un chœur assez bien nourri, qui peut faire honneur à Notre-Seigneur. »

Cette demande était trop légitime pour demeurer sans effet, d'autant plus que Mère Térèse-Emmanuel avait bien voulu prêter son appui aux suppliantes, et, le 12 janvier 1876, elle terminait par ces mots une lettre adressée à sa chère Assistante : « Tout est accordé. Je me réjouis de ce que l'office en chœur ne vous manquera plus. Adieu, on vous aime bien ici, et moi la première. »

L'hiver se passa ainsi dans la régularité et la ferveur. « Nous nous préparons à commencer un très saint Carême, écrit sœur Térèse, et nous allons remplacer les jeûnes qu'on ne nous laissera pas faire par une plus grande fidélité pour l'observance de la règle et par une mortification soutenue dans les petites choses. Je voudrais bien, moi aussi, faire quelque chose de plus pour Notre-Seigneur pendant ce Carême; mais quand je cherche ce qui pourrait lui être agréable, je reviens toujours à la résolution de ma grande retraite : *vivre d'une vie de sacrifice,* m'oublier, m'effacer, ne consulter jamais mes goûts, chercher à rendre mes rapports toujours doux, faciles et agréables avec toutes les sœurs. — Consoler le Cœur de Notre-Seigneur, si offensé, est toujours la pensée qui me soutient le plus. »

Au mois de juin 1876, sœur Térèse fut rappelée à Auteuil avec sa petite colonie. A Nice, elle avait beaucoup admiré le ciel bleu, la Méditerranée, la splendeur des perspectives : « Je voyais tout cela de ma fenêtre, et si j'avais eu du temps à perdre, mes yeux ne se seraient pas détachés de cette contemplation. Je suis bien un peu étonnée de ne plus voir la mer et les montagnes; mais pour nous, Auteuil ne vaut-il pas toutes les mers et toutes les montagnes du monde? »

V

FONDATION DE MONTPELLIER

Le bonheur du retour ne fut pas de longue durée. Notre Mère générale pensait à envoyer sœur Térèse du Sacré-Cœur à Montpellier avec la charge de Supérieure. Ce fut dans les premiers jours d'octobre que cette décision lui fut notifiée. Jugez de sa consternation : Supérieure !... elle !... si incapable, si peu préparée, si imparfaite !...

Le couvent de Montpellier, fondé depuis peu de temps, était une maison d'Adoration perpétuelle établie provisoirement dans un couvent de Tertiaires. Afin de pouvoir y adjoindre un pensionnat, on allait le transporter dans un vaste emplacement, situé rue Carré du Roi. C'était comme une fondation nouvelle dont on chargeait notre Assistante. « Mais tout cela est au-dessus de mes moyens, disait-elle ; vous verrez que rien ne réussira. A-t-on oublié que je me suis très peu entendue à diriger les enfants pendant mon noviciat ?... Si encore il ne s'agissait que de moi ; mais ma nomination met en cause la réputation de l'Assomption, il n'en résultera qu'un insuccès complet. »

La vénérée Mère générale écouta les respectueuses

observations de la religieuse, et pour ne pas lui ôter le mérite de l'humilité, non plus que celui de l'obéissance, elle se contenta de répondre : « Eh bien! mon enfant, marchez vers un échec. »

Sœur Térèse comprit que la volonté de sa Supérieure était formelle, et d'une voix étouffée par l'émotion, elle prononça son *fiat*. Nous savons qu'elle ne se rendit pas maîtresse de son impression aussi vite que de sa volonté. Elle pleura beaucoup, et dans la crainte de ne pas sembler assez soumise, elle obtint la permission de passer les dernières récréations dans sa cellule, afin de n'avoir d'autre témoin de sa désolation que son crucifix : « O mon doux Sauveur, disait-elle, j'adore la croix dont vous voulez charger mes épaules; j'adore ses clous, ses épines, ses froissements. Je veux monter sur cette croix, m'y sanctifier, y mourir en unissant mes souffrances aux vôtres, en m'y dévouant comme vous aux âmes, et en ne cherchant comme vous que la gloire du Père céleste. »

Le matin du 4 octobre, Mère Térèse du Sacré-Cœur se mit en route : « Allons! pour Dieu et pour l'Assomption!... La capacité me manque absolument, mais la grâce de l'obéissance y suppléera. » Elle disait vrai selon la foi; mais l'assurance qu'elle essayait de se donner n'était sincère que par un effort de volonté, la lutte intérieure continuait : « Avant cette épreuve, disait-elle, je n'avais jamais pensé que la confiance en Dieu fût une vertu difficile. Maintenant, je vois bien qu'elle est comme toutes les autres, et qu'il faut de continuels efforts pour la conserver. »

Au témoignage d'une sœur qui lui avait été donnée

pour compagne, le voyage d'Auteuil à Montpellier ressembla presque à une marche au Calvaire. Il y eut des stations à Lyon, à Nîmes, durant lesquelles la pauvre Mère Térèse fut bien forcée d'oublier un peu son chagrin pour répondre aux attentions délicates et empressées dont les sœurs l'entouraient. Mais le soir, dès qu'elle était rentrée dans sa cellule, ses tristes pressentiments revenaient et se prolongeaient durant la nuit en veilles agitées, en cauchemars pénibles. C'était pitié de l'entendre répéter sans cesse, jusque dans l'assoupissement du demi-sommeil : « O Jésus! je vous aime!... Oui, Jésus! que votre volonté soit faite!... »

Elle-même nous a peint l'état de son âme dans une lettre qu'elle écrivait à Mère Térèse-Emmanuel quelques heures après son départ : « Ah! ma bien chère Mère, la locomotive nous entraîne loin de vous; mais nos cœurs ne vous ont pas quittée, et votre pensée, celle de Notre Mère me suivent et me rendent, sinon la joie, au moins un commencement de courage et de confiance. Ce matin, en m'éloignant d'Auteuil, il me semblait vraiment que la terre allait manquer sous mes pieds. Je ne puis vous exprimer ce qui se passait au fond de mon cœur! Vous le devinerez. J'ai prié alors de toutes mes forces, et le secours de Notre-Seigneur ne s'est pas trop fait attendre. J'ai compris maintenant par expérience, ce que vous me disiez hier soir : qu'il faut sentir une vraie peine pour connaître à quel point Jésus est le véritable ami et l'unique soutien. J'ai jeté dans son cœur mes inquiétudes, et je n'en veux plus avoir puisqu'il est là pour diriger ma frêle barque. Vos bonnes paroles me reviennent, et, malgré toute ma défiance de moi-même, je commence à me persuader que les choses n'iront pas trop mal. Comment Notre-Seigneur permettrait-il que je fusse un obstacle au bien que l'Assomption est appelée à faire dans le petit coin de terre où Notre Mère m'envoie? »

« Je vous suis dans toutes vos émotions, répond Mère Térèse-Emmanuel. L'arrivée sera plus douce que la route, Notre-Seigneur vous soutiendra et je le prie d'être votre repos. Lorsqu'on s'appuie sur quelqu'un de fort, n'est-ce pas lui faire injure que de continuer à s'inquiéter comme si son soutien n'était rien, ou pouvait nous manquer? Rappelez-vous cette parole de l'Écriture : *Il est facile à Dieu de revêtir le pauvre tout d'un coup.* Vous êtes pauvre, mais votre appui est tout puissant : « Térèse et 4 ducats, ce n'est rien; mais Térèse, 4 ducats et Dieu, c'est tout. » Voilà les pensées qui rendaient magnanime notre sainte patronne. Elle connaissait celui à qui elle avait affaire; vous aussi, regardez en haut, et soyez pleine d'espérance. »

En même temps, Mère Térèse recevait de Mgr de La Bouillerie le mot suivant : « L'obéissance vous a conduite à Montpellier, et l'obéissance, suivant la parole de nos saints Livres, vous y fera remporter des victoires. Vous saurez y maintenir l'excellent esprit religieux qui anime partout votre Congrégation, et le privilège dont jouit votre maison, l'Adoration perpétuelle du Saint-Sacrement, sera pour vous à cet égard une aide douce et puissante. Il vous sera également plus aisé à l'ombre de l'Eucharistie, de former à une véritable et solide piété les enfants confiées à vos soins. »

A son arrivée à Montpellier — 3 octobre 1876 — Mère Térèse du Sacré-Cœur fut reçue par la Supérieure qu'elle devait remplacer et qui restait quelque temps encore pour achever de régler les affaires. Les deux Supérieures se trouvèrent donc ensemble durant plusieurs semaines, ce fut un secours pour Mère Térèse : mais bientôt elle resta seule à faire marcher sa petite barque et les difficultés ne lui manquèrent pas. On la trouvait trop jeune, elle devait veiller sur ses moindres démarches et sur toutes ses paroles; mais douée de beaucoup de tact et d'un rare bon sens, elle sut aller au but, simplement, sans se compromettre. « Je ne suis guère habile, écrivait-elle, je ne sais qu'aller tout droit mon chemin. » On fut bientôt sous le charme, et on ne tarda pas à reconnaître que la nouvelle Supérieure joignait à un grand esprit religieux une réelle aptitude pour le gouvernement.

Dans sa simplicité, elle répondait avec beaucoup de sagesse aux personnes qui venaient la consulter. Sa bonne grâce suppléait à ce que sa récente arrivée ne lui avait pas encore permis de prendre comme autorité, et sa piété sincère lui donnait une véritable influence. Une femme du monde, désireuse de se sanctifier, lui dit un jour que le Manuel du chrétien était son livre de prédilection. « Eh bien! moi aussi », reprit Mère Térèse avec cette vivacité sympathique qui incline si vite l'une vers l'autre deux âmes vibrant à l'unisson ; et cette ouverture détermina entre elles une affection toute surnaturelle qui faisait dire à la première : « J'aime beaucoup cette Mère, parce qu'elle révèle son âme, qui est vraie et simple dans sa piété. »

La Supérieure trouvait à Montpellier un grand appui dans son évêque : Mgr de Cabrières, ami de l'Assomption dès ses plus jeunes années, avait lui-même demandé cette fondation, désirant avoir une maison de la Congrégation dans son diocèse. Il en était donc doublement le père ; on le savait et on s'appuyait sur lui pour toutes choses. « Usez de moi avec simplicité et liberté d'esprit, écrivait-il aimablement à la Mère. C'est entendu, n'est-ce pas? »

Grâce à la protection de Monseigneur et à sa haute influence sur la société de Montpellier, le pensionnat du Carré du Roi prit tout de suite un beau développement. Nous n'avons pas oublié que c'était là le mandat spécial de Mère Térèse. Le pensionnat fut ouvert dès son arrivée : vingt-cinq élèves se présentèrent le premier jour et les demandes ne s'arrêtaient pas. « Nous ne faisons que commander des tabourets et des pupitres, » écrivait la sœur économe.

Diriger une maison d'éducation est déjà une tâche difficile, à plus forte raison, la créer et l'organiser. Toutes les enfants sont des nouvelles : pas de traditions établies, pas d'esprit formé d'avance, aucun noyau de bonnes élèves déjà disciplinées et capables de devenir les auxiliaires de l'autorité. Tout commence, tout est à établir. L'inexpérience est partout.

Les religieuses qui composaient alors le prieuré de Montpellier n'ont pas oublié la première messe du Saint-Esprit qu'on avait baptisé du nom pittoresque de *messe aux voiles*. Suivant l'usage adopté à l'Assomption, les enfants étaient venues à la chapelle avec un voile. Or, leurs petites têtes furent très agitées, par le souffle de Dieu peut-être, et quelque peu aussi par la mobilité naturelle aux têtes méridionales, et les voiles retombaient à chaque instant sur les épaules des petites filles, peu habituées encore à les porter. Ce ne fut pas trop de la Supérieure et des maîtresses pour les relever à mesure qu'ils tombaient.

Le reste était à l'avenant; la maison, construite pour une famille, se prêtait peu à sa destination actuelle. Pendant les premières semaines, on n'y habitait pas, on y campait. Toutes les combinaisons furent essayées avant qu'on eût trouvé une place à peu près convenable pour les classes, réfectoires, cellules et dortoirs. La communauté ne se plaignait de rien, loin de là, parce que la pauvreté religieuse, et la gaieté aussi, trouvaient leur compte à tant de changements. Une sœur converse dit un jour : « Dans mon pays, les fermiers ne changent qu'à la Saint-Michel; ici, c'est tous les jours la Saint-Michel. » Le mot ne fut pas perdu; et quand un nouveau déménagement était annoncé, chaque sœur de répéter en souriant : « Bon! voici la Saint-Michel! »

Comme si ce n'était pas assez des difficultés de l'installation, il y eut encore les accidents. Un matin, quelques minutes avant 5 heures, une sœur converse entre précipitamment chez la Supérieure en lui disant que la chapelle est en feu. Jugez quel réveil! Néanmoins, sans se troubler, Mère Térèse se lève et accourt sur les lieux : le feu finissait de s'éteindre et les dégâts étaient insignifiants, mais à la vue du danger grave auquel on venait d'échapper, elle tombe à genoux en remerciant Dieu.

Une autre fois, une trombe d'eau s'abat tout à coup sur la vieille toiture. C'est la Mère qui raconte cet incident : « Une sœur arrivait me dire : Ma mère, il pleut dans le grenier. Une seconde : la cave est remplie d'eau. Une troisième : le corridor des cellules est inondé. Et enfin, pour mettre le comble à tout, la sœur sacristine vient m'annoncer que le plafond de la chapelle est criblé de gouttières et menace de tomber. Comme je n'y pouvais rien, je me suis mise à prier le bon Dieu, et bientôt la pluie s'est calmée. »

Il est à croire que le démon n'était pas étranger à cette conspiration des éléments contre la fondation nouvelle. Il avait de bonnes raisons de s'en plaindre, car la communauté marchait avec beaucoup de régularité et de ferveur, le pensionnat se développait de plus en plus et continuait à garder le bon esprit qui lui avait été imprimé dès le début. La maîtresse du pensionnat, très expérimentée et très capable, était un véritable secours pour la Supérieure. « Le pensionnat marche à merveille, écrit celle-ci, grâce au dévouement de sœur N. et à ses aptitudes vraiment remarquables pour les enfants. On dit qu'elle a été envoyée de Paris tout exprès pour organiser les classes, et cela produit un grand effet. Les autres maîtresses sont pleines de zèle et les études marchent bien. Sœur M.-C. est précieuse pour les rapports extérieurs à cause de son tact parfait, et aussi parce qu'elle connaît les gens du pays. La charge de l'omnibus est en bonnes mains. La sœur tourière à qui je l'offrais m'avait d'abord dit « qu'elle n'était pas « faite pour le monde », mais à présent qu'elle s'est résignée à passer au milieu du monde comme n'y passant pas, la bonne sœur n'a plus d'autre souci que de répondre pleinement à notre confiance. »

Que la Supérieure ait éprouvé quelque satisfaction à voir tout son monde en place et toutes les ressources dont elle disposait sagement réparties, cela se comprend. Elle en profitait pour développer de plus en plus la prospérité de sa maison. Dès le 27 novembre 1876, l'association de l'Enfant-Jésus avait été inaugurée par la réception de ses premiers membres. Celle des Enfants-de-Marie avait commencé par quelques proclamations, sous le patronage de l'Immaculée-Conception, le 8 décembre de la même année. Pour les jeunes filles du monde, Mère Térèse institua une réunion mensuelle de travail au profit des pauvres. Elle tint à lui donner dès l'origine le caractère d'une réunion vraiment chrétienne : « On y fera une bonne lecture, écrit-elle, on parlera de choses édifiantes et le chapelet sera récité. »

A la suite, se placent d'autres œuvres auxquelles elle applique avec la plus vive ardeur son intelligence et son zèle : l'œuvre de Notre-Dame du Salut, sous la présidence du R. P. d'Alzon ; —

l'œuvre du Denier de Saint-Pierre, si aimée à l'Assomption; — l'œuvre de Notre-Dame des Vocations, encouragée et soutenue par le R. P. Emmanuel qui venait chaque mois de Nimes pour présider les réunions et enflammer le zèle des associés par sa parole éloquente. Cette dernière œuvre était particulièrement celle de Mère Térèse parce qu'elle intéressait la gloire de Dieu et le salut des âmes. Donner des prêtres à l'Église, travailler à la sanctification du clergé par la création de ces petits séminaires pour les pauvres qu'on appelles des *alumnats*, quelle œuvre plus belle et plus utile? La Supérieure en avait confié la direction à la jeune sœur Marie-Clémentine, qui tenait une grande place dans la communauté de Montpellier par son zèle communicatif, sa sainteté douce et aimable. Mère Térèse l'avait connue à Sacconex et retrouvait en elle tous les souvenirs de son noviciat : d'ailleurs, ces deux âmes étaient faites pour se comprendre; l'une et l'autre avaient fortement reçu l'empreinte de Mère Térèse-Emmanuel, et bien plus encore l'empreinte toute divine de l'amour de Jésus-Christ. Il nous eût été difficile de suivre Mère Térèse du Sacré-Cœur à Montpellier sans dire un mot de celle qui fut sa joie et sa couronne, et dont elle a voulu conserver le souvenir dans une notice presque dictée par elle sur son lit de mort.

Sœur Marie-Clémentine avait le zèle des âmes et un si tendre amour pour sa vocation religieuse qu'elle ne concevait pas de bonheur plus grand que d'appartenir à Jésus-Christ. Aussi, lorsqu'elle voyait poindre des germes de grâces ressemblant à des appels de Dieu dans les jeunes filles qui lui étaient confiées, c'était une joie si vive qu'il fallait la modérer pour ne pas trop hâter le dénouement. Mais l'évêque de Montpellier était là pour prêcher la prudence, car la chère Mère, s'inspirant de sa propre histoire, de son énergie et de sa foi, eût été, elle aussi, pour les résolutions généreuses, et trouvait que, l'appel de Dieu une fois reconnu, on devait tendre à l'exécuter promptement.

« Nous avons ici trois vocations, écrit-elle à la Supérieure générale. La première de ces jeunes filles a une santé délicate, ce qui lui fait ajourner son entrée en religion. Si j'étais à sa place, j'enverrais promener médecins, stations thermales, eaux de tout genre, et j'arriverais à Auteuil : là, on le verrait bien, la guérison ne se ferait pas attendre. » — La seconde eût été toute disposée à se donner à Dieu sans sa vénérable aïeule qui refusait d'y consentir tant qu'elle n'aurait pas atteint sa vingt et unième année. Mère Térèse ne désapprouvait pas ce délai, mais elle en concevait quelque crainte. « Albertine sera pour nous si elle suit son attrait, mais je crains qu'on ne cherche à la détourner. » — La troisième enfin s'offrit la première au Seigneur, et cet exemple suscita encore plusieurs autres vocations.

Malgré son zèle, qui venait de son amour, Mère Térèse comprenait cependant qu'il fallait y mettre de la prudence. Elle accueillait avec une respectueuse et filiale déférence les conseils de son évêque qui voulait bien la regarder comme sa fille et s'intéresser à tout ce qui se passait à l'Assomption. — « Vous ne perdrez rien, lui écrivait celui-ci, à avoir la réputation d'accueillir avec réserve, quoique avec bonté et bienveillance, les ouvertures relatives aux vocations. On vous en estimera davantage, et cette attitude, conforme à la dignité du monde autant qu'à la prudence religieuse, vous donnera toute l'autorité dont vous aurez besoin pour résoudre ces grandes questions de vocation, de manière à faire accepter aux familles, sinon avec joie, du moins avec soumission et respect, les déterminations auxquelles vous vous serez associée. »

Dans ses rapports avec l'Assomption, Mgr de Cabrières s'est toujours senti en famille, étant lui-même un ancien élève du collège de l'Assomption à Nîmes. « Je suis votre Père sans doute, disait-il à Mère Térèse, mais aussi votre frère, et vous avez par conséquent le droit *assomptioniste* de me dire nettement ce que vous croyez être la vérité. » Manière aimable d'encourager la simplicité toute confiante avec laquelle la jeune Supérieure recourait à la sagesse de l'évêque. Nulle autre ne mérita plus qu'elle sa bienveillance et ne lui témoigna en toute occasion une plus entière confiance. Elle recourait à lui pour les affaires de sa maison aussi bien que pour celles de sa conscience et trouvait toujours un avis sûr et paternel. Monseigneur appréciait cette âme unie à Dieu et si profondément religieuse : il était fier de la place qu'avait prise à Montpellier une fondation dont il avait eu l'initiative et qu'il regardait comme sienne, et suivait avec intérêt les progrès des religieuses aussi bien que les développements du pensionnat. Toutes les cérémonies du Prieuré étaient présidées par lui, il donnait largement aux sœurs sa belle et éloquente parole, et daigna même prêcher plusieurs fois la retraite de la Communauté pendant les vacances. Quelques semaines avant celle de 1877, la Supérieure recevait ce mot charmant pour la fête de l'Assomption.

« Cabrières, 14 août.

« Il me semble, ma bien chère fille, que je ne puis avoir une meilleure occasion de témoigner au cher petit Prieuré de Saint-Jean (1) mon très persévérant et très affectueux souvenir. Je vous souhaite à toutes dès aujourd'hui, et je vous souhaiterai surtout demain matin à la messe une très bonne et très sainte fête de l'Assomption. Puissiez-vous toutes vous laisser porter si haut par la grâce et par la main des anges que vous perdiez de vue, et surtout d'affection, tout ce qui est purement humain, terrestre et périssable. Et que ce qui est en vous par soi-même périssable, terrestre et humain, change de nature et soit emporté dans la sphère des choses éternelles.

« Pensez-vous toujours à une retraite prêchée par votre serviteur, etc. »

Nous venons de voir Mère Térèse du Sacré-Cœur dans son administration extérieure, et nous l'avons trouvée dévouée, oublieuse d'elle-même, circonspecte,

(1) Patronage choisi par Monseigneur lui-même pour la maison de Montpellier.

douce et ferme, unissant l'ardeur de la jeunesse à la maturité du jugement et des décisions; douée en un mot de qualités qui la prédestinaient à devenir une Supérieure accomplie. Mais, nous le sentons bien, c'est au dedans surtout que ceux qui nous lisent demandent à pénétrer. Ils savent que *la vraie gloire de la fille du Roi vient de l'intérieur :* ils se sont accoutumés à n'en pas rechercher d'autre, et ne seraient pas satisfaits si, en leur faisant connaître les divers aspects de la physionomie de Mère Térèse, nous ne les introduisions pas jusqu'à son âme.

Peu de temps après avoir pris possession de la charge tant redoutée, la Mère proposait à Notre-Seigneur la convention suivante : « Jésus! soyez le vrai et seul Supérieur de cette maison : prenez-moi seulement pour aide. Vous, Seigneur, premier partout, moi seconde; vous le Maître, moi la servante; vous l'ouvrier, moi l'instrument. Marchons à deux, agissons à deux. Que je ne fasse jamais rien seule : lorsqu'il faut parler, parlez par ma bouche, et de même reprenez, consolez, fortifiez. Soyez l'*unique Maître*. Mais, je vous en prie, ne mettez pas un voile épais entre vous et moi, car alors je ne sais plus que faire. Quand je serai plus forte, vous pourrez vous cacher, mon Dieu; mais je ne le suis pas, et ma faiblesse a besoin de s'appuyer sur votre force. »

Ce pacte formulé ici avec une touchante simplicité est l'idéal de la supériorité parfaite; le mérite de Mère Térèse a été de le poursuivre sans défaillance jusqu'à la fin de sa vie. Elle comprenait qu'une Supérieure doit s'effacer entièrement de manière à n'user de l'autorité que selon Dieu, sans aucune vue personnelle, laisser toujours à Notre-Seigneur la première place, et le mettre si bien en avant dans les conseils et les remontrances que les subordonnés le reconnaissent et lui obéissent avec amour. « Je ne suis que le zéro, disait-elle ; de moi-même, je ne puis représenter aucune valeur : c'est à Jésus à être mon chiffre significatif. » Et lorsque, par surprise ou fragilité, il arrivait que sa nature vive et tournée à la rigueur prenait le dessus sur la douceur du divin Maître, elle se le reprochait sévèrement.

Le 19 août 1877, nous la voyons écrire une sorte d'examen de conscience : « Depuis un an que de choses se sont passées !... une lourde charge m'a été donnée, comment m'en suis-je acquittée ? Ai-je su m'y sanctifier ? Ai-je fait aux autres le bien que j'aurais dû faire ? N'ai-je pas plutôt été pour elles un *obstacle ?...* Ces pensées sont accablantes, et devant elles, je me sens bouleversée, anéantie. Oh ! pourquoi ne suis-je pas comme l'an dernier une pauvre petite sœur vivant *dans l'ombre !* J'ai soif d'une vie toute cachée où je n'aurai plus de rapports extérieurs !... Mais qu'est-ce que j'écris ?.. je rejette le fardeau parce qu'il me pèse, je veux me décharger de ma responsabilité parce qu'elle m'accable, je désire la solitude parce que la vie extérieure m'est à charge. Est-ce parler en religieuse ?... Mon Dieu, je m'humilie devant vous de cette lâcheté, je sens que votre volonté est là, et je l'aime ; je l'adore parce qu'elle me crucifie, parce qu'elle me brise. Mais puisque vous me voulez ici, Seigneur, puisque vous me voulez Supérieure, apprenez-moi à l'être. Établissez-moi d'abord dans une paix profonde. Que cette paix déborde sur celles qui me sont confiées, que je les aime toutes également, et que je puise en vous, mon Sauveur, ce qu'il me faut leur donner de charité et de tendresse. Rendez-moi toujours miséricordieuse devant leurs misères, toujours prête à les soutenir, à les encourager, à les aider. Mais pour cela, mon Dieu, donnez-moi.... Quand on est misérable comme je le suis et qu'on a la charge de soutenir les autres, il faut, Seigneur, que vous soyez très prodigue!... Que l'union entre nous deux soit très intime; si je n'ai rien à donner, c'est que je ne puise pas assez dans votre Cœur divin, source d'amour et de puissance. Aujourd'hui, je veux me retremper dans la charité, dans l'amour des âmes et dans une profonde humilité. Être en esprit sous les pieds de toutes les sœurs. Ne pas craindre ma peine, me donner jusqu'à ce que je n'aie plus un souffle de vie, me dépenser pour les autres et ne chercher que Jésus seul. »

Unie au divin Maître par l'autorité dont elle avait le dépôt, la chère Mère s'en prévalait pour vivre avec lui dans une intimité plus grande, et Jésus ne s'en offensait pas. Un jour où elle sent le calme lui échapper et de douloureuses préoccupations agiter son âme, elle écrit : « Après tout, pourquoi me troubler à l'avance? Je dis à Notre-Seigneur : Vous êtes mon époux, c'est vous qui m'aiderez à porter toutes les difficultés. Bien des fois par jour, je me remets entre ses mains; je me rejette sur son cœur comme un petit enfant effrayé. J'ai confiance qu'il ne me délaissera pas... La pensée me vient très souvent que je suis incapable de faire du bien aux âmes, de les pousser en avant. Et parfois, il me prend un vrai désespoir d'être Supérieure. Bien durs moments pendant lesquels je donnerais tout pour être à Auteuil. Heureusement, la prière au pied du Saint-Sacrement me remet, parce que Notre-Seigneur me fait comprendre qu'il est là pour suppléer à ce qui me manque (1). »

L'Apôtre saint Jacques a dit : *Si quis in verbo non offendit, hic perfectus est vir* (Ep. III, 2). Mère Térèse traduisait : Une Supérieure qui ne parle jamais qu'à propos est une Supérieure parfaite. Dans les cas difficiles où la moindre indiscrétion était à craindre, ou bien lorsqu'il s'agissait d'interpréter exactement certaines instructions délicates envoyées par ses Supérieures, c'est encore auprès du divin conseiller qu'elle va prendre ses inspirations et sa ligne de conduite. « Je me réjouis, disait-elle, de trouver dans l'Évangile le *Nolite cogitare quomodo aut quid loquamini : Spiritus Patris vestri loquitur in vobis*. La promesse est pour le martyr au prétoire. N'est-elle pas aussi pour la Supérieure au parloir, au chapitre et ailleurs? En tout cas, je la prends pour moi; et, quand je suis embarrassée, je sais bien la rappeler au bon Maître. »

De temps en temps, Notre-Seigneur semblait ne pas entendre; Mère Térèse lui en fait de doux reproches et s'en plaint respectueusement : « Je souffre beaucoup en ce moment, écrit-elle à Mère Térèse-Emmanuel, Notre-Seigneur me paraît si loin! Je ne le trouve nulle part, pas même dans la communion, et je lui

______

(1) *Lettre à Mère T. Emmanuel.*

dis que c'est vraiment cruel à lui de me délaisser ainsi dans un moment où j'aurais tant besoin de le sentir près de moi! Je crois fermement qu'il y est, et je sais que le sentiment n'est rien; mais je souffre pourtant, et j'ai à m'imposer la plus grande violence pour conserver au dehors le calme, la paix et la joie. »

Mère Térèse-Emmanuel suivait cette âme avec affection, mais elle ne pouvait pas toujours écrire : « Vous m'écrivez dix lettres pour une que je vous réponds, lui dit-elle, et cependant, ma chère et bonne petite Térèse, le passé qui nous a tant liées en Notre-Seigneur n'est pas effacé de mon souvenir. Lorsque je pense à vous, tout me revient, et je voudrais souvent vous écrire un mot d'affection sainte, et vous parler de votre âme quand vous m'en dites les besoins, les désirs. Je sais que vous voulez de plus en plus vous sanctifier. Oh! faites-le *dans l'amour*, c'est-à-dire par l'amour et la confiance en Notre-Seigneur. Quand la charge vous pèse, priez-le de la porter pour vous, avec vous. Puis songez, comme dit notre chère sainte, qu'il a si peu d'amis et tant d'ennemis! ne faut-il pas lui rendre quelque service aux dépens de notre tranquillité? D'ailleurs, si vous allez à vos sœurs pour lui rendre service, le leur faire mieux aimer et servir, votre action deviendra une œuvre d'amour et le glorifiera dans ces âmes. Cela vaut mieux, quand Dieu le veut, que de penser seulement à ses pieds à faire de grandes choses pour lui. Rien dans votre emploi n'empêche votre progrès; au contraire, tout vous pousse à vous oublier vous-même, à élever votre âme et votre vie à Dieu. »

Parmi les peines de la supériorité, celle qui pesa le plus à Mère Térèse, ce fut l'isolement spirituel auquel par son élévation au-dessus des autres, une Supérieure est forcément condamnée. « J'écris souvent à Auteuil, mais par lettre on dit peu de choses! » Cette privation lui devint salutaire, car en lui retirant l'appui des créatures, elle lui faisait reporter sur Notre-Seigneur toute sa confiance et sa tendresse. « Ne pouvoir dire à personne ce qu'on souffre, oh! comme cela fait souffrir! Mais c'est bon, puisque moins on sent l'appui terrestre, plus on s'attache à Celui qui seul doit être notre partage. N'oublions pas notre devise : *Dieu seul!* »

Ainsi unie à la volonté du divin Maître et inspirée de son amour, l'autorité de Mère Térèse sur la communauté de Montpellier ne pouvait être que douce et bienfaisante. Les religieuses les plus anciennes avaient vu arriver la nouvelle Supérieure avec les sentiments que donnent l'esprit de foi et l'habitude de l'abnégation. En général, il n'y a pas à craindre pour l'obéissance de la part de celles qui savent que l'autorité en changeant de mains ne change pas de nature. Quelques semaines après son installation, Mère Térèse écrivait déjà : « C'est un grand secours dans une maison que les sœurs anciennes soient les plus régulières. » Elle s'appuyait fortement sur elles, non sans éprouver une certaine intimidation, surtout dans les premiers jours; mais la Mère ne tarda pas à se rassurer : « Je suis tout étonnée, écrit-elle, d'être chargée de cette maison; mais encore plus de voir que les choses marchent bien, quand même. J'ai vu toutes les sœurs : croiriez-vous qu'elles ont été confiantes et vraiment filles vis-à-vis d'une pauvre petite sœur comme moi? Je ne sais pas trop ce que je leur ai dit; mais elles sont si religieuses et si bonnes qu'elles ont bien voulu s'en contenter. Notre-Seigneur est là avec sa grâce. Il daigne accueillir la demande que je lui adresse de ne plus être *moi* du tout, dans mes rapports avec la communauté. »

Quant aux sœurs moins anciennes, que Mère Térèse désignait sous le nom de « communauté jeune et gaie », elles vinrent à elle par attrait et le cœur ouvert. Aussi quel entrain! quelle fraîcheur de vie et de dévoûment elle savait susciter!... c'est ce qu'attestent les témoignages de toutes les religieuses. On se sentait en famille; tous les cœurs étaient unis dans l'amour de Jésus-Christ, dans le désir de le servir, et de vivre dans cette régularité parfaite qui est l'honneur de Dieu et la joie des maisons religieuses.

Ici, comme à Nice, le principal moyen de gouvernement de notre Supérieure fut de supprimer autant que possible les distances, et de rendre sensible à ses filles le lien étroit qui les rattachait à Auteuil au point de leur donner presque l'illusion d'y être encore. Or, vivre de la Maison-Mère, c'est vivre de son esprit, des saints enseignements qu'on y a reçus, c'est en deux mots toute une doctrine de vie parfaite. La devise de Mère Térèse : *Tout comme à Auteuil*, voulait dire : conservons toujours et partout les coutumes, les traditions, les usages, les heures même d'Auteuil, et par là l'esprit et la ferveur de nos premières années de religion. Aussi quel était le sujet ramené le plus habituellement dans les conversations?... Auteuil. Les fêtes de famille et les réjouissances intérieures auraient perdu leur attrait si, par la date au moins, elles ne coïncidaient avec celles de la Maison-Mère.

Le dépouillement du courrier de Paris excitait chaque jour le plus joyeux empressement. C'étaient les nouvelles du foyer domestique : le paquet contenait les lettres des sœurs, de Mère Térèse-Emmanuel qui suit de loin ses jeunes professes; de la Supérieure générale qui reprend, encourage, dirige, donne ses instructions, ses conseils, démêle les difficultés et les résout. En rattachant les sœurs à la Maison-Mère, Mère Térèse du Sacré-Cœur y rattachait en même temps son autorité qui gagnait en mérite et en influence à ne s'exercer que d'une manière dépendante. « Je suis Supérieure par obéissance, disait-elle; mon unique souci est que la règle soit observée, et que tout se passe ici comme sous les yeux de Notre Mère. »

La Révérende Mère générale, voilà sa Supérieure, toujours présente à sa pensée, exerçant à chaque instant sur elle un véritable ascendant. « Si vous saviez comme j'ai à cœur de ne causer aucun souci à Notre Mère, écrit-elle à Mère Térèse-Emmanuel. Ma grande préoccupation est que Notre Mère et vous soyez contentes. » Ailleurs, elle dit : *mon excessive préoccupation*, et s'en accuse presque comme d'un sentiment imparfait. Aussi, quelle est sa joie de se sentir en pleine union de cœur et de pensée avec sa Supérieure et de recevoir des lettres comme celle-ci :

« 8 janvier 1877.

« Il m'en coûte, ma chère fille, de ne pas pouvoir vous écrire plus souvent depuis que vous avez la charge de Montpellier. Je lis vos lettres et celles des sœurs, et je vois que tout va bien dans l'intérieur de la maison. J'espère que dans ce petit Prieuré de la Sainte-Vierge et de Saint-Jean, chacune des sœurs, mais vous surtout, allez vous former sur ces deux modèles d'amour pour Jésus-Christ ; que tout sera doux, généreux, fidèle et pur dans vos rapports avec le divin Maître : doux, non pas dans le sentiment que Dieu ne donne pas toujours, mais dans la soumission parfaite et dans la charité qui fait du cœur une habitation très douce à Notre-Seigneur. »

Puis faisant allusion à quelques difficultés extérieures, la Révérende Mère ajoutait :

« Au dehors, il y a toujours des troubles, mais ne vous en tourmentez pas, et surtout ne laissez pas les inquiétudes diminuer vos forces. On est Supérieure pour avoir des embarras : l'un fini, l'autre recommence. Prenez-les en paix ; faites pour le mieux, soit pour recevoir des enfants, soit pour autre chose ; laissez parler, recommandez tout à Notre-Seigneur, et abandonnez-lui le résultat. Soignez-vous, *j'y tiens.* »

La maison de Montpellier ainsi conduite, poursuivait en paix sa marche ascendante, lorsque, au mois de mai 1878, Mère Térèse fut informée qu'on allait prochainement lui confier la maison de Bordeaux. Mgr de la Bouillerie, coadjuteur du cardinal Donnet, avait exprimé le désir d'avoir sa nièce près de lui. Celle-ci n'était pas indifférente au bonheur de retrouver son oncle, et de replacer sa vie religieuse sous la direction immédiate du pieux prélat qui avait été le soutien de sa vocation. Mais l'appréhension de la supériorité l'emportait sur son affection, pourtant bien vive : « L'annonce de ce qui se prépare m'a fortement émue, écrit-elle à Mère Térèse-Emmanuel. Montpellier a épuisé mes moyens : il n'est pas trop tôt qu'on m'en rappelle, mais j'espérais qu'après mes trois ans, notre chère Mère me retirerait mon fardeau. Pensée lâche, c'est vrai; mais je la trouvais douce. Vous voyez à quel point je suis mauvaise! Comment dissimuler que j'ai de la peine, beaucoup de peine, presqu'autant que lorsque vous m'annonçâtes ma nomination de Supérieure à Montpellier? J'ai néanmoins répondu à Notre Mère que je me remettais entre ses mains. Et maintenant, grondez-moi bien fort pour ma lâcheté; mais surtout priez pour moi. »

Quatre jours après, Mère Térèse-Emmanuel lui répondait :

« Ne craignez pas la charge, elle vous sera moins lourde que n'était Montpellier au commencement. Confiez-vous en Notre-Seigneur et en l'obéissance qui doit vous faire entreprendre courageusement ce que sans elle vous ne pourriez faire. Votre répugnance n'est pas un mal, mais ne la regardez pas trop; voyez plutôt les pensées de la foi qui peuvent vous soutenir. Vous êtes l'instrument de Dieu, abandonnez-vous à sa main avec la plus grande confiance. Une fois là, ayez la paix. Je veux vous dire pour vous consoler et vous soutenir dans vos peines que notre Mère générale est bien contente de vous; elle me dit souvent que sa confiance est entière. Adieu, chère petite Mère, bon courage; appuyez-vous sur Notre-Seigneur dont vous faites l'œuvre. N'êtes-vous pas toute sienne, pour toutes ses œuvres et pour tous les lieux? »

Mère Térèse se tint donc prête pour le sacrifice; puis, nous ne savons pourquoi, le silence se fit sur cette affaire : des semaines, des mois s'écoulèrent sans qu'il en fût question, et la Supérieure se reprit insensiblement à l'espoir de rester à Montpellier, lorsqu'au mois d'octobre arriva inopinément l'ordre de partir. A cette nouvelle, ce fut autour d'elle une explosion universelle de regrets. Mgr de Cabrières vint la voir et ne lui dissimula pas ses craintes bienveillantes, relatives à ce départ inattendu. « Que Votre Grandeur se rassure, répondit-elle; les sœurs ont un excellent esprit et sont très attachées à la Maison-Mère, mon départ sera religieusement accepté. Les enfants me regretteront peut-être un moment, mais la Supérieure qui va me remplacer réussira, j'en suis sûre, mille fois mieux auprès d'elles et me fera vite oublier. » Monseigneur n'avait qu'à s'incliner devant d'aussi bonnes raisons. Il n'insista plus que sur ses propres regrets et ses sympathies personnelles pour celle qui allait partir. La Mère lui exprima toute sa reconnaissance, car il avait été un père pour son âme, et dans toutes ses difficultés, elle avait trouvé en lui un appui dévoué, un conseil toujours sûr.

On ne pouvait pas empêcher que la société de Montpellier s'occupât de ce départ. Le parloir ne désemplissait pas, et les regrets étaient sincères, car Mère Térèse faisait du bien à tous ceux qui s'approchaient d'elle. Bien plus encore que les personnes du dehors, les religieuses sentaient le sacrifice qui leur était imposé. La conscience délicate de la Supérieure en fut presque alarmée, d'autant plus qu'elle aussi partageait leur peine : des liens bien chers l'attachaient à cette maison de Montpellier, à ces œuvres qu'elle avait fondées, aux sœurs surtout qu'elle aimait tendrement et qui lui étaient si unies pour la gloire et le service de Notre-Seigneur.

« Je vais bientôt quitter Montpellier, écrit-elle le 2 octobre 1878, dans son cahier de souvenirs. Oh ! comme je ressens mon sacrifice ; mais je l'aime parce qu'il est bon pour mon âme et parce que cela me brise ! J'incline mon cœur et tout mon être, j'adore la volonté adorable de mon cher et doux Maître ; mais quel brisement !... Dans cette maison, j'ai souffert parce que la supériorité fait beaucoup souffrir ; j'ai eu aussi des joies, et je me suis liée à ces âmes que j'avais à conduire, j'ai eu des instants que je n'oublierai jamais. Que la vie religieuse est bonne, comme elle broie ! Revenir à notre devise : *Dieu seul !* et aller là où Dieu m'envoie en comptant sur lui. »

Sa propre douleur lui fait redouter celle des autres, elle craint un attachement trop naturel : « Je souffre surtout de voir souffrir. Oh ! quelle peine j'aurais si j'avais trop attaché à moi ! Comme j'aurais fait fausse route !.. Mais non, je n'ai pas cherché à ce que les sœurs m'aiment, j'ai cherché à les aider à aimer davantage Notre-Seigneur. Prier beaucoup pour qu'elles prennent *religieusement* mon départ, et moi, me tenir calme et adorer les desseins de Dieu qui est bon de m'envoyer cette peine. Oh! comme il faut que je l'aime et que je sois douce dans le sacrifice. »

Les sœurs de Montpellier ne pouvaient que regretter très vivement une telle Mère; mais elles firent religieusement leur sacrifice, et la Supérieure générale, touchée de leur résignation, écrivait de Madrid : « Je comprends la douleur de vos filles et je ne trouve certes pas mauvais qu'elles vous aiment. Il faut seulement qu'elles aiment Notre-Seigneur et son service plus que vous. Si jamais on veut faire un cadeau à la maison de Montpellier, faites demander à Malaga la copie d'un Christ crucifié embrassant saint François d'Assise qui foule aux pieds le monde et toutes choses, tandis que deux beaux anges apportent l'Évangile avec ce mot : *Si quelqu'un ne renonce pas à tout, il ne peut être mon disciple*. C'est le sermon qui ferait le plus de bien aux sœurs en ce moment. »

VI

SUPÉRIEURE A BORDEAUX

Mère Térèse du Sacré-Cœur quitta Montpellier le 21 octobre 1878. A son arrivée à Bordeaux, elle fut reçue par la Supérieure générale qui revenait de visiter ses maisons d'Espagne, et par la Supérieure de Bordeaux qui se préparait à remettre entre ses mains, avec sa succession, le riche trésor de sympathie et de vénération qu'elle avait amassé. Jusqu'au départ définitif de celle-ci, Mère Térèse ne fut que son assistante; mais le 7 janvier 1879, la vénérée Mère dut quitter Bordeaux, laissant dans la ville d'universels regrets, et dans les cœurs des sœurs une acceptation généreuse de la volonté de Dieu.

Les religieuses se souviennent encore du premier chapitre de Mère Térèse après ce départ. Elle commenta un de ses Évangiles favoris, celui de la Transfiguration de Notre-Seigneur, et appuya discrètement sur les paroles qui le terminent : « *Les apôtres ne virent plus que Jésus seul.* » Heureuse et délicate allusion à la situation présente : elle produisit sur les cœurs l'effet du baume le plus doux. On fut touché, et la confiance prit le dessus avec l'esprit de foi.

Pour la Mère, bien qu'entièrement donnée à sa nouvelle charge, le souvenir de Montpellier n'en resta pas moins vivant dans son cœur. Ce fut l'épreuve des premiers temps de son séjour à Bordeaux, et sa conscience lui en faisait parfois des reproches. Pendant sa retraite de 1879, à la suite d'un sermon sur l'indifférence à l'égard des créatures, elle écrit : « Que je suis loin de cette indifférence!... combien je suis encore sensible à certaines affections! non pas que je leur donne la première place dans mon cœur : cela, je ne l'ai jamais fait ; mais les souvenirs de Montpellier, les regrets des sœurs ne m'ont-ils pas occupée trop longtemps?... Je me demande si, dans mon désir de faire du bien aux âmes, je ne laisse pas mon cœur trop s'y attacher! C'est si difficile de ne se rechercher en rien, et cependant je voudrais être cette balance toujours égale, posée devant Dieu, qui représente l'âme détachée, indifférente, sans désirs, sans volonté personnelle!... Je cherche les moyens d'y arriver! Comprimer les ardeurs de mon zèle? je ne le puis pas; j'ai un besoin de me donner et de me dévouer qui grandit chaque année !... Remplir ma charge sans y mettre mon cœur et ma vie, c'est impossible pour moi,... je ne saurais comment m'y prendre. Mais ce n'est pas cette indifférence que Dieu me demande. Ce qu'il veut, c'est que j'aime les âmes qui me sont confiées comme il les aime lui-même et pour lui seul, indifférente à la consolation ou à la peine. Lui seul! Lui seul! voilà le cri de mon âme qui veut enfin prendre son vol au-dessus des choses créées pour ne se reposer qu'en Dieu ».

Mère Térèse exagérait peut-être ses torts; mais l'âme religieuse n'est jamais trop délicate sur la question du détachement. Le Père Jésuite, prédicateur de la retraite, la rassura cependant. « Rien n'est hors de sa place dans votre cœur, lui dit-il, et vous aimez pour faire du bien. » Veut-on une preuve qui confirme ce témoignage? c'est la réserve que mit la Mère dans ses rapports avec les Sœurs de Montpellier dès qu'elle les eut quittées. Elle leur écrivait le moins possible, afin de mieux laisser tomber tous les souvenirs; au jour de l'an, elle se contenta d'une lettre collective adressée à la Communauté :

« Que la paix de Notre-Seigneur soit avec vous! que les âmes soient fortes, généreuses et fidèles; que les cœurs soient unis et les corps vaillants! Je souhaite que la joie rayonne dans ce cher prieuré de Saint-Jean et que cette année vous mette toutes en progrès spirituels. Tels sont mes vœux généraux. Quant aux souhaits particuliers, il suffit que je les exprime à Notre-Seigneur : ce sont des souhaits de charité, de douceur, de patience, d'humilité pour chacune selon ses besoins et sous la forme que je lui crois bonne. Je sais que vous aussi vous allez faire pour moi bien des vœux. Résumez-les en un seul; demandez que je réalise un peu dans ma vie ma chère parole : *Mitis et humilis corde* ».

Nous verrons désormais Mère Térèse surnaturaliser de plus en plus ses affections. C'est une âme qui monte : s'il y a quelques liens à briser, elle les brisera; elle sait où est le vrai bien, et c'est lui seul qu'elle cherche. Jamais, à aucune époque de sa vie, elle ne travailla plus activement sur elle-même, priant, s'immolant au devoir et à l'obéissance. Après la large et belle expansion qu'elle avait prise à Montpellier, sa nature souffrait de cette transplantation subite, et malgré les attentions délicates dont on l'entourait, elle se sentait dans un milieu nouveau, par conséquent plus froid. « Mais la vie religieuse est un crucifiement, écrit-elle. Elle a été trop douce pour moi à Montpellier. C'est une grande bonté de Dieu de m'avoir placée ailleurs... » Puis, regardant le paquet de lettres qui est sur sa table et sous sa main. « Chères lettres de Montpellier! mais non, ce serait une faiblesse de les relire. *Tu solus Dominus.* »

La chère Mère apportait dans ce travail de dégagement et d'abnégation une énergie qui se traduisait quelquefois par un peu de raideur et un semblant de rudesse. Quelqu'un qu'elle avait accoutumé à lui parler avec franchise, fut amené un jour à lui demander pourquoi elle ne se montrait pas un peu plus tendre, au moins de temps en temps. Elle sourit comme si on avait deviné ses luttes, puis ses yeux se remplirent de larmes et elle parla d'autre chose.

La conviction de son incapacité pour conduire une maison aussi considérable que celle de Bordeaux fut pour beaucoup dans le découragement des premiers jours. Et ce qui prouve la sincérité de l'humble opinion que la Mère avait d'elle-même, c'est la manière admirable dont elle fut relevée par un mot de notre Mère générale aux environs de Noël : « Dieu ne se sert volontiers que des personnes qui ne peuvent rien s'attribuer. Donnez-vous au Saint Enfant Jésus pour qu'il vive en vous et se produise par votre anéantissement. » — « Cette parole, disait plus tard Mère Térèse, a été une lumière pour ma vie, c'était une ligne de conduite, et cela m'a paru merveilleusement clair. »

Les lettres de Mère Térèse-Emmanuel venaient aussi soutenir son courage : « Notre-Seigneur veut actuellement de vous une vertu mâle, vaillante; puisez-la dans la croix et dans l'Eucharistie. Allez aux créatures avec l'esprit et le cœur de Jésus, fort pour endurer, généreux à donner, ferme pour soutenir les chocs sans défaillir. Les difficultés passeront et l'œuvre restera. Courage et confiance, prière et amour, voilà ce qui vous tirera d'affaire et mettra Notre-Seigneur *là*, à votre place. Je suis bien contente d'apprendre la bonté de Mgr de La Bouillerie; vous trouverez en lui un soutien paisible et paternel. »

Mgr de La Bouillerie fut en effet un père pour Mère Térèse du Sacré-Cœur, et la maison de Bordeaux trouva toujours en lui un protecteur et un ami. Depuis les belles et fécondes années de son Vicariat général de Paris, le pieux prélat connaissait et aimait l'Assomption. En 1845, il était supérieur de la maison de Chaillot et secondait avec ardeur les rapides progrès de la Congrégation naissante. Ces souvenirs qui se confondaient dans sa pensée avec tant d'autres chers à son cœur, valurent à la communauté de Bordeaux sa paternelle protection. Il avait accepté la charge de supérieur de la maison depuis 1873; mais il devint un vrai père le jour où sa sollicitude trouva un aliment nouveau dans une affection de famille. Par là, l'œuvre de l'Assomption le touchait de près; non que l'archevêque se sentît solidaire de la nouvelle Supérieure, mais pouvait-il s'empêcher d'avoir à cœur le succès de sa nièce et de souhaiter que son gouvernement fût prospère? A la manière dont il s'en ouvrit plus tard avec l'Assistante, on peut croire que, parmi ses raisons, il s'en trouvait de personnelles :

« Je vous avoue, dit-il, que, malgré la joie que j'éprouvais, je n'étais pas sans quelque inquiétude en voyant arriver ma nièce. Dans une ville comme Bordeaux, à la tête d'une maison comme la vôtre, une Supérieure de 33 ans!... Mais je suis aujourd'hui parfaitement rassuré et très content. Il n'a pas fallu trois mois pour qu'on l'appréciàt. Les parents des élèves et toutes les personnes qui sont entrées en relation avec elle m'en ont fait l'éloge. Je crois qu'elle réussira très bien. »

Monseigneur s'y prêta du reste avec tout l'empressement que permettait sa situation. C'est lui qui a développé la Congrégation des Enfants de Marie : il en était le directeur ou plutôt il en était l'âme, présidant la plupart des réunions et y prodiguant le charme de sa parole. Par sa présence et ses allocutions, il donnait à toutes les fêtes du pensionnat un cachet particulier de joie surnaturelle : premières communions, ventes de charité, petites séances musicales ou littéraires, distributions de prix. Lisez ce billet écrit le 22 novembre 1878 : « Ma bien chère nièce, je suis désolé d'être pris précisément le 26 à 2 heures par un conseil académique auquel je dois assister et qui sera infiniment moins agréable pour moi que votre joli concert de la Sainte-Catherine. Soyez l'interprète de mes regrets auprès de vos chères enfants. »

On sait avec quelle facilité Mᵍʳ de la Bouillerie faisait les vers. A un compliment pour sa fête où on lui souhaitait l'amour de saint François d'Assise et la douceur de saint François de Sales, il répondit avec une grâce charmante :

> « Vous êtes trop ambitieuse
> Quand vous demandez que je sois
> L'union vraiment merveilleuse
> En moi seul, de deux saint François.
>
> « C'est trop vouloir! humblement je l'atteste.
> Mais que chacun me daigne par pitié
> Donner un quart de sa vertu céleste...
> Au moins, d'un saint je serai la moitié! »

Monseigneur présidait aussi toutes les cérémonies de profession religieuse et de prise d'habit. Comme il était vraiment l'archevêque du lieu, c'est à lui qu'on recourait pour obtenir bien des faveurs spirituelles dont la fervente communauté éprouvait le besoin. Tout était accordé d'avance, même les privilèges. A l'occasion de ses noces d'argent, on vit le diocèse décerner au coadjuteur du Cardinal Donnet un imposant témoignage de sa respectueuse vénération. L'Assomption de Bordeaux avait pris les devants; c'est elle qui eut la première fête le 20 mai 1880, jour même de l'anniversaire du sacre. Délicieuse fête en vérité, dont on garde le souvenir, et sa Grandeur ne dissimula pas que cet hommage lui avait été plus précieux et plus sensible que tous les autres réunis.

Dans son allocution qui ne fut qu'une effusion de son âme sur les grâces reçues pendant ces 25 années d'épiscopat, Mgr de La Bouillerie se plut à rappeler ses premiers souvenirs de l'Assomption : « Mes relations avec l'Assomption, dit-il, se reportent bien plus loin que la date de mon épiscopat. Elles remontent aux premières années de mon sacerdoce. La congrégation était jeune alors; moi aussi j'étais jeune, et dès le début, nous nous convînmes parfaitement!... Ma supériorité ne consistait guère qu'à suivre les progrès admirables que faisait la communauté sous la sage et habile direction de sa vénérée Mère; et les sœurs, à leur tour, par leurs saints exemples et par leurs vertus religieuses, devenaient pour moi une édification et une joie.

« Toutefois, ces relations furent trop courtes, je fus nommé évêque, et une circonstance que je n'oublierai pas me rappela un jour vers l'Assomption. C'était en cette maison bénie d'Auteuil, que je comparerais volontiers à un nid de colombes au milieu des ombrages épais qui l'abritent. Une jeune fille allait y prendre le voile, et j'étais appelé à présider la cérémonie de sa vêture. Je développais devant elle ces trois pensées : — plus une âme s'unit à Dieu, plus elle s'élève; — plus l'esprit s'élève, plus le cœur brûle de l'amour divin; —plus on aime Dieu, plus on est heureux. — J'avais été prophète, la jeune fille, devenue novice, a suivi ce chemin du ciel que connaissent si bien les filles de l'Assomption, elle est heureuse! Cette jeune fille, qui m'était déjà unie par les liens du sang, et qui me devenait plus chère par sa consécration à Jésus-Christ..., c'est votre Mère. »

Ce discours recueilli et imprimé par les soins de Mère Térèse fut envoyé à Monseigneur qui répondit immédiatement : « Voici ce matin une bien aimable surprise qui m'arrive et qui complète pour moi la jolie fête du 20 mai. J'ai été touché de l'attention que vous avez eue de publier mon petit discours et de m'en envoyer quelques exemplaires. Il y a vraiment plaisir à posséder une nièce qui soit pour son oncle une telle fille! »

Mère Térèse représenta toujours aux yeux de Mgr de La Bouillerie la famille absente. Dans la maison dont sa nièce avait la direction, il se sentait chez lui et aimait à venir s'y reposer. C'était un délassement nécessaire : « Mes nerfs sont quelquefois tendus comme des cordes de puits, » disait-il. A cet égard, la Mère en savait plus que son oncle n'en voulut jamais dire; aussi considérait-elle comme un devoir de filial dévouement de ne rien omettre pour que, dans ses visites à l'Assomption, Monseigneur trouvât toujours consolation et repos.

Sous la double impulsion de l'archevêque et de la Supérieure, le pensionnat de Bordeaux ne tarda pas à prendre un grand développement. C'est à Bordeaux surtout que Mère Térèse montra un don réel pour le gouvernement des enfants; c'est là aussi que son souvenir est resté le plus vivant et comme enveloppé d'une auréole d'amour et de reconnaissance.

Veut-on savoir cependant quelle fut sa première

impression sur les petites Bordelaises? « Je les trouve
gentilles comme des papillons », écrivait-elle. Nous
ne discuterons pas cette appréciation qui n'est pas
sans une pointe de malice; nous dirons seulement,
pour l'honneur des enfants de Bordeaux, que parmi
elles, Mère Térèse a trouvé des cœurs bien reconnais-
sants et bien fidèles.

Si l'on nous demandait d'exposer ici le système d'é-
ducation suivi par la vénérée Mère dont nous essayons
de retracer la vie, nous pourrions dire qu'elle s'inspira
surtout des enseignements de la foi. En ce qui concerne la direction des maîtresses, sa méthode se réduit aux deux principes énoncés par Notre-Seigneur,
le Maître des maîtres, dans le Saint Évangile : *Ce que
vous faites au plus petit d'entre les miens, c'est à moi-
même que vous le faites. — Quiconque scandalise un
de ces petits qui croient en moi, mieux vaudrait qu'on
lui attachât une meule au cou et qu'on le jetât dans
la mer* (1).

Voir Notre-Seigneur dans les enfants, se dévouer à
lui dans ces tout petits « *pusillis* » qui le représentent,
l'aimer dans leur insuffisance, leur faiblesse, et appuyer l'autorité de ses exhortations ou de ses reproches sur ses propres efforts vers la sainteté : telles sont
les idées qui doivent à ses yeux servir de fondement
à l'éducation. « Quand vous allez aux enfants, disait-
elle aux sœurs, portez Jésus avec vous, gardez-
le, et ne vous séparez pas de lui, ni dans les leçons,

---

(1) Quisquis scandalizaverit unum ex his pusillis credentibus in
me, bonum est ei magis si circumdaretur mola asinaria collo ejus,
et in mare mitteretur. Marc, IX, 41.

ni dans les encouragements, ni dans les réprimandes. Une religieuse unie à Dieu se possède, et dès lors peut faire beaucoup plus et beaucoup mieux que celle qui se porte avec un empressement naturel à une chose ou à une autre. »

« Du zèle! mes sœurs, du zèle! zèle de l'honneur de Dieu et du bien des âmes! Mais avant de nous mêler des intérêts des autres, commençons par nous-mêmes, et sanctifions-nous. Soyons des religieuses sur lesquelles Notre-Seigneur puisse à tout moment compter. Montrons-nous larges et libérales envers Dieu! Les religieuses sont le cœur de l'Église; or, c'est du cœur que partent les grands dévoûments. Dieu nous place très haut, ne nous rabaissons pas. Soyons des âmes de zèle et d'action; des âmes de feu, données une fois pour toutes, sans jamais nous reprendre. Ayons la charité grande, abondante, surabondante même. L'efficacité de notre ministère se proportionne au dévouement qui l'anime. Souvenons-nous que nos travaux les plus pénibles, les gardes, par exemple, qui sont peut-être de nos occupations les moins attrayantes, sont peut-être aussi les plus utiles aux âmes, puisque c'est là que nous prévenons le mal et que nous avons plus d'occasions de dévoûment. Épouses de Celui qui est mort sur la croix, en disant : *Sitio!* n'aurons-nous pas un peu de cette soif divine?... »

Mère Térèse ne voulait pas que le dévoûment des maîtresses se manifestât seulement par l'activité de la coopération extérieure. Elle savait que sans la grâce on ne peut rien, et elle entendait qu'on aidât l'action intérieure de la grâce par des actes de vertu, des prières, des sacrifices personnels. « Au lieu de vous désoler, de vous décourager au sujet d'une enfant difficile, d'une leçon ou d'une garde qui ne marche pas, priez donc, multipliez vos sacrifices à cette intention. Ne vous lassez pas jusqu'à ce que vous ayez atteint votre but. Je ne vois pas comment il serait possible qu'une religieuse vraiment dévouée et zélée ne devînt pas une sainte. » Rappelant ensuite les difficultés parfois désespérantes qui s'attachent au ministère de l'éducation, la Supérieure complète son enseignement par la considération suivante : « Quand vous vous sentirez découragées de ne pas obtenir des enfants les résultats que vous attendiez, examinez-vous vous-même, et voyez où vous en êtes des vertus que vous voudriez trouver dans les autres. J'ignore ce que cet examen vous révélera; mais je suis sûre qu'il vous rendra plus indulgentes pour autrui et plus sévères pour vous-mêmes. Le courage alors reviendra. »

Après les découragements, c'est la lassitude qu'elle combat : « Lorsque vous vous sentez lâches, fatiguées, lorsque tout vous coûte, que le poids du jour vous accable, — et il y a de ces heures-là dans la vie — souvenez-vous des âmes qu'il s'agit de sauver. Je ne connais rien qui remonte mieux le cœur que cette réflexion. » Et si vous voulez avoir à cet égard toute sa pensée, écoutez les paroles qu'elle prononça au milieu de ses larmes en apprenant la mort d'une enfant qui venait de sortir du couvent à la suite d'études exceptionnellement brillantes : « Quand je pense qu'il y a des enfants qui ne nous ont quittées que pour paraître devant Dieu ! Aucune, ou presque aucune transition entre cette maison et l'éternité ! Et les traits qu'elles ont offerts à leur Juge ne sont guère que l'empreinte de nos mains ! »

L'intérêt éternel des âmes, leur salut, tel est donc le terme final de l'éducation. Mère Térèse considère l'enseignement comme la part principale de l'apostolat chrétien et nous venons de voir que les vertus qu'elle recommande sont par-dessus tout les vertus apostoliques : le zèle de la gloire de Dieu et des âmes, la charité sans bornes, l'abnégation jusqu'au complet détachement du cœur. « Rien pour vous, disait-elle, tout pour le Maître du jardin ; les fleurs et les fruits lui appartiennent. »

Cette doctrine, professée pour la direction des maîtresses, peut déjà nous donner une idée de la méthode employée par rapport aux élèves. Nous sommes loin, on le voit, de cette éducation moderne qui travaille l'extérieur et se contente d'un résultat apparent. « Est-ce là le bien ? est-ce de la vertu ? demandait la Mère ; ou n'est-ce pas plutôt une coquetterie vaine et plus raffinée du bien et de la vertu ? » Les énergies nécessaires pour arriver à ce résultat tout en dehors, Mère Térèse aimait mieux que la jeune fille les utilisât à développer les forces de son âme. La simplicité, le naturel, le développement simultané et l'accord harmonieux du dedans et du dehors, voilà ce qu'elle poursuit dans l'éducation de la jeune fille. Pas d'inutiles contraintes. Ses souvenirs lui servaient en cette matière : que fût-elle devenue dans son enfance, avec sa nature si fortement *originale*, si on l'eût violentée et mise au moule? Elle est pour la direction et non pour la compression. Si les Bordelaises sont des papillons, laissez-les voler sans leur couper les ailes, sans vouloir ramener leurs mille nuances diverses à un coloris uniforme, ne vous occupez que de diriger leur vol. Mère Térèse fit plus que le diriger, elle le soutint. Les enfants sentaient venir d'elle comme un souffle qui soulevait et portait leurs âmes. Cela tenait du prodige. On eût dit par moments que tous les ressorts des volontés étaient dans ses mains. Elle régnait comme une mère aimée et respectée règne au foyer domestique.

Son ascendant était tel que, même absente, elle suffisait au gouvernement de la maison. Depuis 1882, époque où Mère Térèse fut atteinte de sa grande maladie, jusqu'en 1888 où Dieu la retira de ce monde, on peut dire que les enfants et les sœurs ne jouirent que par intervalles de sa présence active. Néanmoins, la Supérieure générale aurait cru faire acte de mauvaise administration en la relevant de sa charge. Les religieuses s'animaient de son esprit; par elles, cet esprit passait aux enfants qui en vivaient, et l'œuvre continuait à prospérer.

Mais où la Supérieure de Bordeaux avait-elle puisé ces principes d'éducation qui devaient avoir tant de succès? — Dans ses souvenirs du noviciat et dans les enseignements de la Maison-Mère. L'esprit de l'Assomption allait se développant en elle, à mesure qu'elle avançait dans la vie religieuse et que des charges plus considérables l'obligeaient à puiser davantage dans les idées qu'elle avait reçues. Que de fois n'avait-elle pas entendu dire à la Révérende Mère générale, fondatrice de la Congrégation : « Laissez à chaque âme sa libre expansion; ne détruisez de la nature que ce qui est un obstacle à la grâce; mais laissez la grâce s'épanouir librement et donner à chaque créature sa forme particulière, selon les desseins de Dieu sur elle..... Notre vocation est de servir les âmes : dans toutes les leçons comme dans tous les rapports, ayez toujours en vue l'âme de l'enfant, ne lui donnez jamais d'autres pensées que celles de Jésus-Christ; développez la foi, l'amour de l'Église, l'amour de la pureté, la raison chrétienne. »

« Vous seriez indignes de l'habit que vous portez et du nom qu'on vous donne, disait encore la vénérée Mère, si vous pouviez vous contenter de combattre des défauts extérieurs, de donner des habitudes de piété également extérieures, de préserver une jeune fille du mal tandis qu'elle est entre vos mains, sans lui donner des armes pour le combat de la vie; si vous vous contentiez enfin de cette enveloppe souple et insignifiante que le monde préfère souvent à la franchise d'un caractère plus généreux et plus fort. »

Pouvait-elle oublier ces paroles qui lui avaient été répétées si souvent pendant son noviciat : « Que les sœurs regardent leurs maisons comme des écoles de l'esprit de Jésus-Christ; que les grandes bases de leurs études et de leurs rapports avec les enfants soient le recueillement, la foi vive et la charité. Toute l'éducation chrétienne se résume dans cette parole de saint Paul : *Filioli mei, quos iterum parturio, donec formetur Christus in vobis.* »

Le secret de la force de Mère Térèse du Sacré-Cœur est tout entier dans sa fidélité aux enseignements qu'elle a reçus; c'est la docilité de son esprit et de son cœur qui a fait sa puissance. L'humble Supérieure se faisait une gloire de n'être en tout et partout que le fidèle écho des enseignements de Mère Térèse-Emmanuel et de Notre Mère : c'est pour cela qu'elle est d'un grand exemple et que sa mémoire restera chère à l'Assomption.

Suivons-la maintenant auprès des enfants, dans l'application de ses principes, et voyons comment elle travaillait à en faire de fortes chrétiennes et à former en elles Jésus-Christ. C'est principalement par les premières communiantes que Mère Térèse commençait ses conquêtes. L'expérience lui avait appris combien la première communion a d'importance pour la formation chrétienne de l'enfant. En aucun autre temps, Jésus-Christ n'exerce sur l'âme une action plus universelle et plus profonde. Notre Supérieure y concourait de toutes ses forces, et nous ne voyons pas comment on aurait pu mieux se servir de toutes les ressources qu'offre ce grand acte, pour une éducation sérieuse.

Son procédé était simple : « Tout pour la Première Communion ! » Elle la présentait aux enfants comme le but unique et la sanction de leurs efforts de vertu. Non contente de leur rappeler sans cesse le souvenir du divin Maître, elle voulait que, vivant déjà par la grâce dans ces petites âmes, il devînt sensible à leur imagination et à leur cœur. Il

fallait qu'elles arrivassent à lui prêter l'oreille intérieure et à distinguer clairement sa voix. Pour cela,
que faisait-elle?

Sûre que Notre-Seigneur approuverait ses maternelles intentions, Mère Térèse le mettait en cause et le
faisait parler. Nous avons eu sous les yeux de petits
billets rédigés par elle, qui commencent tous par ces
mots : « Notre Seigneur vous demande pour votre
première communion, etc. » — Et que demande-t-il?
C'est facile à deviner : la correction d'un défaut, l'ac-
quisition d'une vertu, la pratique d'un sacrifice. Il
va même, le bon Maître, jusqu'à indiquer les moyens
à prendre; le tout avec précision, sagacité et beaucoup
de sens pratique. Ces billets témoignent d'un rare esprit d'observation. Il y en a pour tous les besoins et
pour tous les cas : leur collection formerait un bon
répertoire des nuances variées des défauts et qualités
qui se rencontrent dans l'enfance. On ne les tirait pas
au sort, chaque billet avait son adresse et l'enfant
se reconnaissait vite aux traits contenus dans celui
qu'elle recevait; puis elle se repliait d'elle-même sur
sa conscience, s'accusait, se stimulait, et enfin se mettait en peine de donner quelque satisfaction aux divines instances du Sauveur.

Mère Térèse ne se contentait pas d'exciter dans ces
jeunes cœurs un tendre amour pour Notre-Seigneur,
il fallait que cet amour fût généreux et se manifestât par le sacrifice. A l'occasion de la première communion de sa nièce, la Mère lui écrivait déjà le
23 avril 1871 : « Voilà donc, mon enfant, le grand
jour qui approche et je me réjouis à l'avance de ton

bonheur. Il faut maintenant que tu ne penses plus qu'à une chose : bien préparer la demeure que Notre-Seigneur va venir habiter. Ton cœur va devenir un autre tabernacle, un autre ciboire : pourras-tu jamais assez le parer et l'orner pour ce bon Jésus qui veut le prendre tout entier pour lui? Et puis, ma Térèse chérie, Notre-Seigneur est bien offensé, et il faut que des âmes pures comme celles des premières communiantes le consolent de tous les outrages qu'il reçoit chaque jour, il faut que tu pries beaucoup pour les pécheurs afin qu'ils se convertissent. »

Puis viennent les conseils pratiques : « Travaille sur ton caractère; je sais qu'il est un peu difficile et ne peut se transformer en un jour, mais il faut que tu y travailles sérieusement et que tous ceux qui t'entourent s'aperçoivent que tu penses à la grande action que tu vas faire. Je veux te conseiller une pratique qui t'aidera, je crois, à bien tenir la résolution que tu prends chaque matin après ta prière. C'est de jeter à l'avance un petit coup d'œil sur ta journée et de prévoir ce qui doit y être pour toi une occasion de chute. Ainsi, par exemple, tu prévois que tu as à apprendre une leçon bien ennuyeuse? d'avance tu promettras au bon Dieu de t'y appliquer plus qu'à toutes les autres, justement parce qu'elle t'ennuie. Puis, tu prévois qu'au retour du collège Léo viendra te taquiner? tu promettras de lui parler tout doucement sans la moindre impatience. Essaie de ce moyen, ma chérie, et tu verras que cela t'aidera; tu ne pourras pas manquer à la promesse que tu auras faite, et tu te trouveras ainsi obligée de faire plusieurs petits sacrifices, toujours dans la pensée de ta première communion. » La lettre se termine par une recommandation plus grave que toutes les autres, car elle fait de l'enfant un apôtre : « Il faut que tu pries beaucoup pour ton cher père; que tu offres pour lui tous tes sacrifices. Tu peux le jour de ta première communion avoir sur lui une véritable influence. S'il te voit toute transformée par la grâce et l'amour de Jésus, crois-tu qu'il n'en aimera pas davantage le bon Dieu et ne désirera pas se rapprocher de lui? Et quel bonheur pour toi, mon enfant, si tu nous obtenais cette grâce!... »

Quel motif plus puissant à donner aux efforts et à la vertu d'une enfant de douze ans que la pensée de convertir son père! L'amour filial va si bien avec l'amour de Dieu; il y a des affinités merveilleuses entre ces deux sentiments appelés par l'Église du même nom : *pietas, la piété*. De quoi la jeune fille ne sera-t-elle pas capable en se préparant au grand jour de sa première communion, si à la pensée de parer son âme pour s'attirer les complaisances de Jésus, elle joint l'espoir de lui gagner le cœur de son père? Mère Térèse obtenait par là des résultats surprenants.

La première communion était donc pour elle le moyen de pénétrer dans l'âme des enfants. « C'était à ce moment, écrit l'une d'entre elles, que nous apprenions à connaître et à aimer celle qui s'est tant donnée à nous. » Or, une fois entrée dans les âmes, la chère Mère n'en sortait plus. « Elle lit en moi, disait une des élèves, comme en un livre ouvert. Je ne sais comment elle fait; mais cela m'embarrasse de voir qu'elle me connait si bien. »

Rien ne caractérise mieux le gouvernement de Mère Térèse que ses remarquables aptitudes à pénétrer jusqu'au fond de l'âme. C'est là que les enfants se sentent remuées, cultivées par elle. Ses paroles ont un poids qui les fait descendre tout de suite dans ce fond intime où elles restent gravées. Il n'y a pas une seule élève ayant passé par ses mains dont l'âme ne retentisse encore de tel mot de reproche ou d'exhortation. qu'elle a recueilli un jour de ses lèvres en sa forme originale et pittoresque, et qui s'est fixé en elle comme une règle inoubliable de conduite.

A l'une, elle dit : « Chère enfant, le bon Dieu vous a laissée petite de taille, faites-vous grande en humilité. » A une autre : « Bon courage!... ce n'est pas tout d'un coup qu'on se corrige. Sainte Térèse dit qu'il faut coudre chaque jour quelques points à la robe de notre perfection. » Comment, pour ne citer qu'un exemple, oublier une leçon donnée dans les circonstances suivantes? Une élève avait manqué de respect à sa maîtresse et on exigeait des excuses. La petite révoltée avait bon cœur, mais fort mauvaise tête, et elle s'obstina si bien qu'on en vint à désespérer de vaincre sa résistance. La Supérieure avertie insiste sur la nécessité d'une réparation; peine inutile! l'enfant reste de marbre. Alors la Mère se tait un instant et paraît se recueillir, puis d'un ton très grave : « Eh bien! mon enfant, puisque vous ne voulez pas demander pardon, je vais le faire à votre place, » et déjà elle fléchissait le genou devant la maîtresse; mais la coupable vaincue éclatait en sanglots en s'agenouillant. Jamais repentir ne fut plus sincère et ne produisit des résultats plus durables.

Mère Térèse était loin de dédaigner pour les jeunes filles la culture intellectuelle et les ornements de l'esprit; mais la direction des études n'était pas sa spécialité. Elle en laissait le soin à des maîtresses expérimentées et instruites dont plusieurs étaient d'anciennes élèves d'Auteuil. Sa part était toute morale : elle veillait à ce que la règle du pensionnat fût parfaitement observée, que chacun fît son devoir et que l'ardeur du travail, le zèle pour le bien ne se ralentissent jamais. Sa tâche propre était d'unir tous les efforts des maîtresses et des élèves et de les diriger dans le sens de l'avancement de chacune. « Les progrès de l'esprit doivent servir au développement du cœur, à l'avancement dans la vertu, disait-elle souvent. Étudiez et instruisez-vous, mes enfants, mais dans le but de devenir meilleures en prenant l'habitude du travail, et d'être capables plus tard de faire un plus grand bien. »

Il y avait longtemps que la Mère professait cette doctrine du bon sens chrétien. Déjà en 1875, elle écrivait à sa nièce : « Ta mère me parle de tes études, j'espère qu'en effet tu vas devenir une personne instruite. Mais il faut joindre la vertu à la science; il faut chercher à acquérir non pas uniquement ce qui plaît au monde, mais ce qui plaît à Dieu. Orne ton esprit, et en même temps pare ton cœur. »

Telle était dès lors sa pensée, répétée depuis et appliquée en maintes occasions. Elle variait nécessairement ses conseils avec les circonstances; mais son idée-mère était toujours la vertu par l'abnégation. *Abneget semetipsum,* tel était le sujet habituel de ses exhortations et toute sa science de direction; elle y insistait avec un ton si personnel qu'on sentait une conviction chèrement achetée. « Quel vilain et pitoyable défaut, disait-elle à une jeune fille, de tant penser à soi! Ce n'est vraiment pas le secret d'être heureux ici-bas. On n'est jamais plus content que lorsqu'on cherche avant tout à plaire à Dieu et à s'oublier pour les autres. »... « Enfants, quand serez-vous donc oublieuses de vous-mêmes, bien effacées, bien humbles! Soyez gaies dans vos sacrifices, contentes de tout et toujours aimables... En présence des choses pénibles, prenez vaillamment votre parti. Un sacrifice bien accepté coûte cent fois moins et vaut cent fois plus aux yeux du bon Dieu. »

De ces leçons de morale tout évangélique, que restait-il dans l'âme des enfants? Sans doute, elles ne les pratiquaient pas toujours, mais c'était par surprise, par fragilité ou faiblesse. Quant au principe, elles l'acceptaient pleinement, sans penser qu'on pût rien y changer. Il s'inculquait en elles à mesure qu'elles grandissaient; il s'emparait de leurs premières ardeurs pour les tourner au dévoûment, se mêlant parfois à leurs premiers rêves d'avenir qu'il transformait en rêves de renoncement au monde et de vie parfaite. Il leur faisait une piété solide, pratique, agissante, basée beaucoup plus sur la volonté que sur le sentiment. Nous qui l'avons observé tant de fois, nous pourrions attester ici combien est vigoureuse et féconde pour l'éducation la sève qui jaillit de la croix.

Heureuses les jeunes filles dont l'enfance et la première jeunesse s'épanouissent, non dans l'espoir frivole du plaisir, mais dans la pensée de l'abnégation! O vraie maison de Dieu, celle dans laquelle tout marche et prospère, discipline, respect des maîtresses, piété, travail, non par la force de l'autorité, mais par l'esprit de sacrifice! Or, c'est vers cet idéal que Mère Térèse tendait sans cesse. Les enfants s'y laissaient ramener elles-mêmes, lorsqu'elles s'en étaient écartées, et sur ce terrain on parvenait toujours à s'entendre.

VII

ZÈLE DES AMES

Le zèle des âmes fut peut-être la vertu dominante de Mère Térèse, et c'est ce qui explique le bien qu'elle a fait. Loin d'abandonner les jeunes filles que Dieu lui avait confiées au pensionnat, elle les suivait dans le monde avec une sollicitude toute maternelle et leur apprenait à appliquer à leur propre vie les doctrines reçues au couvent. Nous avons eu sous les yeux des règlements tracés par ces jeunes filles en vue d'assurer leur persévérance; tous témoignent du plus haut esprit chrétien et du désir le plus vrai de rester fidèles à Dieu. Ce témoignage a d'autant plus de valeur que la Supérieure n'était pour rien dans leur rédaction; elle se bornait à en suggérer l'idée et à en indiquer les bases principales, choisissant pour cela les occasions les plus favorables, telles que la Retraite annuelle des Enfants de Marie.

Une fois écrits, ces règlements lui étaient soumis; elle les lisait, le crayon à la main, soulignait les mots qui portaient juste, retranchait les formules peu précises, et s'il s'en rencontrait quelqu'une qui ressentît tant soit peu la lâcheté ou la mollesse, elle l'effaçait sans pitié, la remplaçant par des mots plus conformes à sa manière de comprendre la vie chrétienne. En voici un exemple : « Art. II. Dans le monde, je ne chercherai à briller d'aucune façon et je tâcherai de rester de cœur unie à Dieu. » Mère Térèse ajoute au crayon : *Très bien.* — « Art. IV. Je ne serai plus molle, ne me plaignant pas trop des intempéries et des contrariétés. » *Pas trop,* pourrait n'être qu'un subterfuge; la Mère efface le mot et lui substitue *pas du tout.* — « Art. X. « Tous les soirs avant de me coucher, je ferai une pénitence pour réparer les fautes de la journée. » La pénitence n'étant pas spécifiée, il est à craindre qu'on ne l'élude souvent. Aussi, Mère Térèse a-t-elle écrit en marge : Cinq *Pater* et cinq *Ave.*

Voici encore une lettre d'un rare bon sens, en réponse à un règlement qui lui a été envoyé : « J'aime beaucoup votre règlement, il est sérieux, vigoureux, et il attaque bien *vos ennemis.* Il s'agit maintenant de mettre vos plans à exécution.—L'art. II a dû vous coûter, je le comprends; mais il importe beaucoup que vous l'observiez. Tournez vos regards en haut et cherchez l'approbation de Celui que vous voulez aimer seul. — L'art. III donnera du travail à ma petite orgueilleuse, ainsi que l'art. IV; l'important sera de réparer toujours les fautes et de vous en punir. Quand on a une mauvaise nature, on ne doit point s'étonner de lui voir produire des ronces et des épines; mais il faut les arracher avec persévérance et la pénitence est un excellent moyen, surtout celle qui brise l'amour-propre. — J'ai rayé dans l'art. V le jeûne du vendredi qui n'est point nécessaire et qui vous ferait remarquer. Que vos mortifications soient surtout celles qui restent entre Dieu et vous. — J'approuve entièrement l'art. VI. Avoir des ennuis et les sentir, cela ne dépend pas de vous; mais vous en plaindre, vous en faire plaindre, ce n'est pas généreux; c'est l'égoïsme et l'amour-propre qui nous conduisent là. Les autres points sont aussi très bons, et je vous renvoie votre petite feuille avec recommandation expresse de me dire les points négligés dans chacune de vos lettres. »

On voit par ces derniers mots qu'en apostillant ces résolutions, la chère Mère n'avait pas seulement pour but de les rendre pratiques; elle voulait de plus les sanctionner de son autorité maternelle, accroître leur force obligatoire et se donner le droit de veiller à leur exécution.

Elle y veillait en effet, avec une sollicitude qui lui imposait souvent, entre autres charges, celle d'une correspondance considérable. Nous tenons à montrer par quelques extraits sur quels points se portait principalement son attention. « Ne vous surchargez pas de pratiques spirituelles, écrit-elle à une jeune fille; ce n'est pas le nombre de prières qui constitue la vie chrétienne. Faites très bien celles que vous avez l'habitude et le devoir de faire. Puis, ne songez plus qu'à rendre vos intentions droites et pures : par ce moyen toutes vos actions seront une prière et iront à Dieu. »

Dans une autre lettre : « Faites-vous fidèlement votre méditation du matin? C'est le plus important de vos exercices de piété, celui qui doit soutenir toute votre journée. N'y manquez donc jamais. Quand même cette courte méditation vous semblerait difficile, il faut la faire. Si vous ne savez pas parler à Notre-Seigneur, prenez un livre, arrêtez-vous à une pensée qui vous frappe et qui est de nature à vous faire du bien. Méditez cette pensée et concluez par une résolution pratique pour le jour même. Complétez cet exercice par un rapide examen de prévoyance de tout ce qui compose votre journée, et fixez d'avance un ou deux sacrifices à faire à Notre-Seigneur, ou plusieurs actes de la vertu que vous vous efforcez d'acquérir. »

En fait de lectures pieuses, les auteurs qu'elle recommande de préférence sont les saints, *la vraie et solide piété* de saint François de Sales, ou encore *la pratique de l'amour envers Jésus-Christ*, de saint Alphonse de Liguori. Et elle ajoute : « Il vaut beaucoup mieux prendre des livres écrits par les saints; ils ont une grâce toute particulière pour nous faire connaître et aimer Jésus-Christ. »

« Pourquoi n'iriez-vous pas à la messe tous les jours, écrit-elle à une jeune fille? Avoir sa messe chaque matin, quel bienfait! Je ne sais plus quel saint a dit : Quand on vient d'assister au sacrifice d'un Dieu, il serait honteux de ne pas savoir accepter ceux que sa toute-puissante bonté nous envoie dans la journée. Que deviendrez-vous, si vous ne gardez pas l'habitude de la confession et de la communion fréquentes? C'est à cela que vous devrez d'être une jeune fille chrétienne, une vraie Enfant de Marie...

Ne laissez vos communions sous aucun prétexte, chère enfant. Vous avez besoin de Notre-Seigneur pour être bonne, généreuse, dévouée autant que le requiert votre situation. »

Comme ces conseils sont sages et pratiques! En voici un autre qui ne l'est pas moins : « Quant au spectacle, vous savez mon avis, je le maintiens. Ce n'est pas la place d'une chrétienne, encore moins d'une Enfant de Marie. Si vous me parlez *d'impossibilité* de n'y pas aller, je n'ai rien à dire. Mais si vous craignez seulement les réflexions que pourra suggérer à certaines de vos amies votre refus de mettre les pieds au théâtre, je trouve que c'est là un bien petit obstacle, et vous ne vous montreriez pas très brave en hésitant à passer par-dessus. »

A celle-ci qui est à la veille d'assister à une fête mondaine, Mère Térèse adresse le billet suivant plein d'allusions et de maternelles alarmes : « Je pense que vous allez y être courageuse, puis fidèle, très fidèle : cela, il le faut. Pour moi, vous le savez, je n'admets pas qu'on laisse Dieu de côté pour s'amuser. Ce qui lui déplaît, ne peut pas, ne doit pas vous plaire. »

A une enfant malade, facilement portée à la rêverie et au découragement, elle écrit : « Soignez-vous, et à l'aide de l'Imitation et de l'Évangile, prenez votre mal en patience. Tout concourt au bien de ceux qui aiment Dieu. Méditez cette parole de saint Paul, et au lieu de regarder vos six tilleuls, regardez beaucoup votre crucifix, je crois qu'il saura vous dire de bonnes et belles choses qui charmeront votre solitude. »

Rien de ce qui touche à la vie de ses enfants n'est indifférent à Mère Térèse. Elle ne perd aucune occasion de leur faire sentir qu'elle demeure en communion de cœur avec elles dans leurs joies, dans leurs espérances, dans leurs épreuves, dans leurs deuils, et elle ne se présente jamais à elles que le regard illuminé par la foi, et les leçons de la morale chrétienne sur les lèvres. Par ses lettres de direction, elle s'est multipliée et a étendu son influence bien au delà de ce qu'on pourrait croire. Quelle est l'ancienne élève qui n'a pas en sa possession quelqu'une de ces lettres intimes, conservées aujourd'hui comme une précieuse relique ?

La correspondance de Mère Térèse est un véritable apostolat, elle ne s'en lasse pas. Au milieu de ses occupations scolaires, ou durant les vacances, bien portante ou malade, de son bureau ou de son lit, elle écrit toujours. Quatre pages lui suffisent à peine ; bien des fois sa pensée déborde sur les marges ou en lignes transversales. On a dit avec raison que les lettres sont le reflet de l'âme. Celle de Mère Térèse s'y révèle tout entière. Nous l'y retrouvons alerte et entraînante, austère sans raideur, tendrement impérieuse, ennemie des faux-fuyants, nette en affaires, précise et sans vaine recherche, et par-dessus tout désireuse de faire du bien : telle qu'elle était en un mot dans sa belle spontanéité de nature et de grâce.

Qu'une telle direction ait été propre à faire mûrir les vocations religieuses, on ne saurait le nier ; mais elle était encore plus apte à faire discerner les vraies des fausses, et à former pour le monde, comme pour le cloître des âmes généreuses, fortement attachées à leur devoir. L'esprit de sacrifice est la pierre de touche de l'appel de Dieu à la vie parfaite. Toute âme qui ne possède pas cet esprit ou ne cherche pas à l'acquérir pourra penser quelque temps à la vie religieuse, mais à la moindre épreuve ou à la moindre fascination des bagatelles de ce monde, ce rêve pieux s'évanouira. Mais pour celles qui persévèrent dans le désir de l'immolation complète, et qui sont les élues, celles-là, en remerciant Dieu de leur sort, le bénissent aussi de leur avoir fait rencontrer la mère qui devait éprouver, soutenir et éclairer leur vocation religieuse.

Nous avons vu qu'à Montpellier, Mère Térèse avait un instant encouru un léger reproche de précipitation. Aujourd'hui, c'est le calme et la prudence qu'elle recommande. A une jeune fille trop pressée d'arriver à la solution de son avenir, elle écrit : « Soyez calme ; on ne fait rien de bien dans l'agitation et l'exaltation. Vous avez beaucoup d'imagination. C'est une belle faculté, mais qu'il faut savoir contenir et exclure de ses conseils. Tournez-vous vers Notre-Seigneur et remettez-vous en à lui. Je n'aime pas vous voir si impatiente de prendre votre parti. La question qui vous occupe est grave, laissez-lui donc le temps de parvenir à maturité. »

En attendant, elle s'applique à redresser les idées, à surnaturaliser les dispositions, à mettre dans leur vrai jour les difficultés de l'état religieux et à préparer le terrain pour l'épanouissement des vertus de la vie parfaite. « Votre haine du monde n'est pas encore assez calme pour être surnaturelle. Souvenez-vous que ce n'est pas par fierté qu'il faut mépriser les choses de la terre, mais parce qu'elles sont souvent pour nous une cause de chute, tant nous sommes misérables et faibles. » — « Je prie beaucoup pour mon aimable, mais incorrigible orgueilleuse, écrit-elle un autre jour. Oui, il se glisse beaucoup d'orgueil dans votre existence : vous aurez à mourir de ce côté, car la vie religieuse est diamétralement opposée à l'orgueil. C'est un combat continuel contre soi-même, contre l'amour-propre et la fierté. Vous aurez à plier, à vous abaisser, à vous humilier, et je comprends fort bien que votre nature épouvantée frissonne parfois devant les luttes que vous entrevoyez. Souvenez-vous alors de la grâce de Dieu qui sera là toujours pour vous aider à vaincre ». — « Il paraît que le monde et votre famille vous canonisent déjà. Qui sait si, sans vous en rendre compte, vous ne finirez pas par trouver aussi qu'on n'a peut-être pas tout à fait tort? Eh bien, on est allé trop vite, croyez-moi, et ne vous fiez pas à votre sainteté. Ce ne sont pas vos œuvres qui vous rendront sainte, mais l'esprit dans lequel vous les accomplirez. Plus de foi, s'il vous plaît, plus d'humilité, plus d'amour de Dieu. Et puis, le *sursum corda*. Veillez sur votre cœur qui ne vous appartient plus. Il ne peut plus chercher la créature sans s'abaisser et déchoir. »

« Mère Térèse était très prudente lorsqu'il s'agissait de vocation religieuse, écrit la jeune fille qui a

bien voulu nous confier les lettres que nous venons
de citer. Je dois dire du reste qu'elle n'y croyait pas
sur un mot et qu'il lui fallait des preuves. Elle devenait alors plus sévère dans sa direction. A partir
du jour où le désir de la vie religieuse lui avait été
sérieusement exprimé, elle ne permettait du monde
que ce que la position de famille demandait, bannis-
sait absolument tout ce qui, de près ou de loin, res-
semblait à un roman, — le théâtre, cela va sans dire, —
et inexorablement ne souffrait pas que, sous prétexte
de s'amuser, on agréât les flatteries et les hommages.
— Vous n'êtes plus du monde, disait-elle, ces cho-
ses-là ne sont pas faites pour vous, et je n'admets pas
que sous le prétexte spécieux que c'est un jeu d'esprit
et un simple amusement, vous laissiez jamais Notre-
Seigneur. Vous ne devez pas accepter les compliments
qui flattent votre vanité; en le faisant, vous blessez le
cœur de Notre-Seigneur dans ce qu'il a de plus déli-
cat. D'ailleurs, vous n'avez pas besoin qu'on s'occupe
de vous, c'est de l'orgueil; occupez-vous de Dieu à
qui seul tout honneur est dû. — Et si elle n'avait pas
été scrupuleusement obéie en cela, il fallait le lui
dire, et s'attendre à un reproche court, mais énergique et sévère. Il en était de même pour les lectures :
Comment voulez-vous avoir la lumière, disait-elle,
comment voulez-vous que Dieu habite un esprit en-
combré de légèretés, et qu'une imagination pleine
d'images terrestres puisse disposer le cœur à l'amour
divin? — Et d'autres fois : Vivez davantage par le
cœur et moins par la tête : moins de philosophie et
plus d'amour. Dieu ne vous demande pas de lui

exprimer de belles idées, mais de le servir humblement, pour cela, aimez-le ardemment. »

Peu de mois avant sa mort, la Supérieure écrivait à la même jeune fille : « J'approuve que vous vous occupiez beaucoup; mais je n'approuve pas que vous écriviez vos impressions : on exagère toujours ses sentiments, sans même s'en apercevoir, en écrivant, et c'est attacher trop d'importance à de folles pensées que de les retracer sur un papier quelconque. Je vous en prie, faites-le courtement, et ne vous analysez pas trop; la tentation ne vaut pas la peine qu'on s'en occupe tant, mieux vaut la chasser en pensant à Notre-Seigneur et à ses divines perfections. Ce sont mes petits conseils, chère enfant, je voudrais vous voir reprendre goût à votre Évangile, à l'Imitation de Jésus-Christ et surtout à l'étude de votre crucifix. C'est à ses pieds qu'il faut prendre des forces et apprendre à vaincre : plus vous vous sentez faible, plus vous avez besoin de lui. Vous parlez de vos 19 ans! Mais, mon enfant, quel honneur de les consacrer à Notre-Seigneur, *si vraiment vous êtes appelée!* Pourquoi rêvez-vous tant?... Tirez l'aiguille, étudiez, chantez, balayez même si vous voulez; mais de grâce ne rêvez pas. Votre vocation pourrait fort bien sombrer dans ces beaux rêves, et alors, quels amers regrets! »

« On le voit, conclut la jeune narratrice, la direction de Mère Térèse était ferme en même temps que douce. Elle en prenait les enseignements dans saint François de Sales dont elle me parlait souvent avec amour, mais je crois qu'elle traitait « la folle du logis » avec encore plus de rigueur que lui, et un

jour que je m'en plaignais avec un peu d'amertume,
elle me dit sur un ton de simplicité charmante :
C'est peut-être parce que je n'ai pas beaucoup d'i-
magination que je suis un peu sévère; mais ce que je
crains par-dessus tout, c'est l'orgueil et l'occupation
de soi-même. »

Dans le nombre des vocations religieuses qui forment la couronne d'honneur de Mère Térèse du Sacré-
Cœur, après celles qui ont été comme l'épanouissement et le fruit d'une éducation chrétienne reçue dans
la maison de Dieu ou dans la famille, se placent
celles qui semblent comme étouffées par des préjugés
d'éducation, et cette suffisance un peu hautaine d'un
esprit qui s'est cultivé lui-même. Ici la tâche est plus
difficile. Quel œil expérimenté discernera là-dessous
le germe déposé par Dieu? Quelle main discrète écar-
tera les obstacles? Un simple récit nous montrera le
don de Mère Térèse pour ouvrir les âmes à la vérité
et leur montrer la voie où Dieu les appelle.

« Dans les débuts de mon séjour à l'Assomption,
j'eus peu de rapport avec Mère Térèse. Elle affecta
de se tenir à mon égard sur la réserve, de manière à
augmenter mon désir de la connaître et de l'intéresser à moi. En même temps, elle mettait sur mon chemin une religieuse bien faite pour attirer mon âme et
reposer mon pauvre cœur par une douce et bienfaisante sympathie. Je fus gagnée. Or, un soir, je ne
l'oublierai jamais, Mère Térèse vint elle-même me
rendre visite dans ma chambre. La conversation s'ouvrit très simplement, quoique je fusse vivement émue.

Elle s'en aperçut sans doute, ou bien Dieu la condui-
sait sans qu'elle en eût conscience. Toujours est-il
qu'il lui suffit d'un mot dit avec cet à propos qui peut
faire du moindre incident le nœud de toute une vie,
pour ouvrir entièrement mon âme. Elle me parla avec
une pitié si douce, avec une confiance si encoura-
geante, une bonté si maternelle que je sentis s'éva-
nouir d'un seul coup toutes mes préventions, tandis
qu'à l'amertume dont j'étais remplie jusque-là, succé-
dait un attendrissement irrésistible, auquel venait se
mêler comme un sentiment d'espérance. A partir de
cette soirée, la chère Mère fut en possession de mon
âme.

« C'est alors qu'elle commença à s'occuper de ma
direction. Peu à peu, avec une discrétion et une délicatesse infinies, elle m'initia à la vie intérieure. J'avançais de surprise en surprise. Elle m'imposait graduel-
lement des sacrifices d'un genre tout nouveau pour
moi. Après quatre mois de ce travail, mes idées s'étaient
renouvelées, ma volonté et mon imagination étaient
en voie d'être domptées : je sentis se dessiner en moi
le désir vague jusqu'à ce moment d'embrasser la vie
religieuse. J'entendais l'appel intérieur; mais faute de
confiance en Dieu et en moi j'hésitais à y répondre.
Mère Térèse qui ne me perdait pas de vue, me vint en
aide. Elle m'écrivit comme négligemment sur un de
ces petits bouts de papier, où de petites éclaboussures
rouges et vertes montrent qu'elle avait essayé ses
pinceaux et qui resteront de si précieux trésors :
— Communiez, rapprochez-vous de Dieu. Il vous in-
vite à la confiance. Il est bon pour vous. Ne craignez

pas trop votre faiblesse, puisqu'il est votre Père. Il s'en servira pour votre avancement spirituel. Et moi, je me sens bien votre mère en Notre-Seigneur.

« Peu de temps après, je faisais mon élection. Le Révérend Père X., à qui je l'avais soumise, l'approuvait, et mon partage était fixé *in prœclaris*. »

En ce qui concerne le consentement des parents. Mère Térèse voulait qu'on usât de beaucoup de déférence et d'un souverain respect. Il fallait savoir attendre : « Ne rien brusquer » était sa devise. Lorsqu'elle écrivait au bas de ses lettres : « Avancez vos affaires, » cela voulait dire : « Priez, soyez dévouée; à force de vertus, gagnez tous les cœurs dans votre famille et faites croire à l'appel divin. » Une vocation religieuse est un honneur pour une famille chrétienne; mais c'est aussi un sacrifice, la Supérieure le comprenait et faisait tout ce qu'elle pouvait pour l'adoucir.

« J'ai connu Mère Térèse, écrit une sœur, ma vocation bien décidée, et après en avoir fait part à ma famille, je n'oublierai jamais la suave bonté de la chère Mère dans cette occasion délicate. En même temps qu'elle me soutenait par sa ferveur et son élan, combien son esprit surnaturel versait avec une charité compatissante les plus saintes consolations dans le cœur de mes parents! Notre-Seigneur semblait avoir récompensé sa fidélité à suivre sa vocation par un don spécial pour seconder les appels de Dieu.

« Lorsque le moment de la séparation arriva, elle voulut éviter à ma mère un douloureux voyage, et avança de quelques semaines son départ pour Auteuil renonçant ainsi à la joie de revoir sa mère, Mme de Foucault et sa chère cousine Mère Madeleine de Jésus, qui ne devaient se rendre à Paris que plus tard.

« Le matin du 23 juin, elle me parut tout particulièrement l'envoyée du ciel. Par son attitude, elle planait comme l'ange de Dieu sur l'heure du départ. Elle était bien jeune alors, mais son âme qui vivait près de Dieu semblait revêtue d'une puissance surnaturelle, l'irrésistible autorité de Jésus-Christ. Un ferme et doux rayon brillait dans son regard, et avec quel accent, elle prononça ces mots : « Mon enfant, demandez à vos parents de vous bénir, cela vous portera bonheur. » Le dernier sacrifice accompli, elle m'embrassa en disant : « Il me semble que je pars une seconde fois. »

Faut-il citer encore, et, pour résumer tant de témoignages, transcrire cette page d'une plume jeune et enthousiaste, mais sincère : « Je ne puis penser à Mère Térèse sans assimiler à ce souvenir une idée de charme, de bonté, de pureté indéfinissables. Grâce à elle j'ai compris que la douceur n'excluait pas l'énergie, que l'humilité était la base et le fondement de toute vie spirituelle, que la condition de tout bien en ce monde est la complète abdication du *moi*, non pas seulement pendant un jour ou quelques années, mais pendant toute la vie et à chaque instant de la vie. J'ai compris, grâce à elle, que pour en arriver là, il n'y avait qu'un seul chemin, l'amour de Dieu; que, de toutes les folies, de tous les rêves de dévoûment qui traversent un jeune cœur, une seule folie reste qui ait sa douceur; celle de la Croix; un seul dévoûment subsiste, celui des âmes. Personne ne m'a jamais laissé comme elle l'impression de la sainteté, non pas de ces saintetés effrayantes et décourageantes, mais de ces saintetés charmantes, alliant la force avec la douceur, unissant à un esprit souple et soumis une noble indépendance, un cœur renfermant des trésors d'amour, de miséricorde et de dévouement. Si l'on me demandait de donner un symbole à cette âme à la fois si tendre et si énergique, je n'en trouverais qu'un tout indiqué dans la sainte Écriture : *Favus mellis in ore leonis.* »

Nous avons vu ce qu'était Mère Térèse du Sacré-Cœur dans ses rapports avec les élèves du pensionnat et avec les jeunes filles qu'elle dirigeait au dehors; il nous reste à la voir au milieu des sœurs qui composaient alors la communauté de Bordeaux : c'est là que son zèle des âmes va trouver son véritable aliment. Il appartenait aux filles de rendre témoignage à leur Mère; aussi ne ferons-nous que transcrire les notes qui nous ont été communiquées. Remarquons d'abord que la regrettée Supérieure a laissé à toutes une impression profonde et salutaire. « Si profonde et si salutaire, écrit l'une d'elles, que je ne puis y penser sans me sentir plus près de Dieu et plus désireuse de l'aimer. » C'est ici la plus complète unanimité. Aux yeux de toutes, sa mémoire est en bénédiction : *cujus memoria in benedictione est.*

Mais quelques-unes, — on nous permettra de le dire, — ont reçu d'elle et conservent ce qui vaut mieux

qu'une impression, sa vivante et impérissable empreinte; leur âme s'est moulée sur la sienne. Parmi
les jeunes religieuses surtout, combien, en arrivant du
noviciat, ont été heureuses de trouver dans la direction de Mère Térèse du Sacré-Cœur la continuation
des fortes leçons de Mère Térèse-Emmanuel et lui doivent leur formation religieuse déterminée et définitive!
A voir son habileté pour un œuvre si difficile, on a
dit qu'elle eût fait une excellente maîtresse des novices. Il est vrai, et de toutes les espérances que
donnait Mère Térèse, aucune peut-être n'était plus
fondée.

Dieu lui avait donné la clef des âmes; elle savait
les ouvrir, secret précieux entre tous pour une Supérieure, et lorsqu'on ne pouvait parler, elle excellait
à deviner le dedans par un coup d'œil sûr et maternel. Le défaut de confiance la faisait souffrir. On la
voyait alors se replier douloureusement sur elle-même
et s'imputer tout le mal. A une sœur qui s'empresse
de lui dire qu'il n'y a pas de sa faute, elle répond :
« Ah! que vous me soulagez! vraiment, je croyais
que l'obstacle venait de moi, et cela ne m'étonnait
guère, mais j'en avais beaucoup de peine. »

Une fois maîtresse des âmes, Mère Térèse s'appliquait à les surveiller de près. Son regard était sur
chaque sœur et sa voix stimulait le zèle, entraînait
en avant. La nature pouvait bien de temps en temps
se plaindre de n'avoir pas un moment de relâche;
mais pour une religieuse désireuse de sa perfection, quelle consolation et quelle force de se sentir
conduite, entraînée même vers le plus parfait, et

cela tous les jours et à toute heure! Être abandonnée
à soi-même alors qu'on a abdiqué le droit de gouverner sa vie serait pour l'âme une occasion de trouble
et un danger. Mère Térèse savait épargner cette peine
à ses filles. Elle les gouvernait effectivement *tanquam
potestatem habens*. Ce n'était plus, comme à son début,
une Supérieure timide, embarrassée : peu à peu elle
s'était affranchie des considérations d'âge et de personne, et en était venue à gouverner son troupeau
tout entier, agneaux et brebis, avec la plus charmante
assurance. Et il fallait qu'on marchât : guerre à l'en-
gourdissement, à la somnolence.

L'ardeur de la vie et la gaieté dans l'abnégation
furent en Mère Térèse merveilleusement communica-
tives; autant qu'elle le pouvait, elle les faisait régner
partout. Elle avait de l'entrain; son autorité fut vivante : ce qui la caractérise, c'est moins la fermeté
que le souffle et l'animation. Elle ne secoue point,
elle stimule : en avant, toujours en avant! Comme
elle s'entendait à relever, à *tonifier* les âmes! Quel
soin de tout animer de l'amour de Jésus-Christ : la
vie intérieure, le travail, le sacrifice, les récréations
mêmes! Il pouvait arriver parfois que par lassitude
une âme défaillait; mais c'était rare, et on ne tardait
pas à reprendre courage.

Pour dissiper la défaillance, la vigilante Supérieure
employait les bons moyens : elle réveillait l'âme,
parlait haut à l'oreille de la conscience, et il n'est
pas jusqu'aux taquineries aimables dont elle ne se
servit habilement. Les natures un peu susceptibles
bondissaient d'abord se croyant blessées; puis elles

souriaient en rencontrant le regard affectueux de leur Mère qui avait voulu guérir et non blesser.

Parmi les attributs essentiels du pouvoir, les anciens comptaient avec raison ce que leurs poètes ont appelé « le large regard. » Mère Térèse eut ce large regard. Elle voyait tout, l'ensemble et les détails. L'une manquait de vigilance dans son emploi : la Supérieure s'en apercevait tout de suite. L'autre allait et venait dans la maison sans but bien arrêté : la Mère suivait dans les mouvements extérieurs, les dispositions de l'âme, et ses observations se traduisaient, le moment venu, en avertissement maternel ou en conseil de perfection. « Lorsque vous tournez autour des meubles avec votre plumeau, vous n'en finissez plus, dit-elle un jour à une sœur converse. Et votre cœur ? pensez-vous autant à l'épousseter, à en ôter soigneusement la poussière ? Il y en a peut-être plus que sur les meubles. »

Pour laisser deviner son mécontentement, il lui suffisait d'un mot, et ce mot, dit d'un ton qui le rendait plus pénétrant, s'enfonçait dans l'âme comme un trait. Seulement à la première marque de repentir, la Mère montrait une miséricorde si tendre, si rassurante que la joie revenait vite avec la paix.

Mère Térèse encourageait, mais louait peu. Habituée à élever vers Dieu chacune de ses actions, elle voulait que ses filles s'exerçassent à se contenter de mobiles désintéressés et d'intentions surnaturelles, et il eût été difficile d'obtenir d'elle une approbation dans laquelle l'amour-propre trouvât son compte.

Du reste, l'amour-propre, elle le poursuivait partout jusque dans ses derniers retranchements. C'est
pour cela que tout ce qui sortait des voies ordinaires
lui inspirait de la défiance. « Il faut, disait-elle, travailler à devenir sainte, mais que ce soit très humblement. » Mère Térèse répétait souvent qu'elle avait assez
de ses trois vœux pour se sentir unie très fortement
à Jésus-Christ, et qu'ils suffisaient bien à la sanctification, si on les observait parfaitement; elle ne comprenait pas davantage qu'on demandât des croix, cela
lui semblait de la présomption. Bien porter sa croix
de chaque jour et s'abandonner à toutes celles qu'il
plaira à Dieu de nous envoyer lui semblait plus sûr et
plus humble. Si, cependant, par une grâce toute spéciale, Dieu demandait à une âme déjà éprouvée dans
le sacrifice, de s'offrir à lui pour souffrir, oh ! alors,
bien loin d'arrêter son élan, elle lui disait qu'il fallait
compter sur les forces divines et se livrer à Dieu sans
réserve. Mais, dans les cas ordinaires, elle établissait sa
direction sur le terrain solide de l'humilité et d'une
lutte courageuse contre soi-même.

La Révérende Mère ne comprenait pas la mauvaise
volonté, ou pour mieux traduire sa pensée, la volonté
inerte qui reste là sans rien faire. « J'excuse bien des
choses, dit-elle un jour, mais pas le manque de bonne
volonté. Je comprends qu'on ait de grandes difficultés
à se vaincre, qu'on ait des moments de faiblesse, qu'on
tombe même dans des fautes. Mais qu'on se surprenne
dans une disposition imparfaite et qu'on y reste,
qu'on fasse son travail avec négligence et qu'on per-
siste à le faire ainsi!... non, cela je ne le comprends

pas. On peut toujours avoir de la bonne volonté. »

Comment l'eût-elle compris, cette âme vaillante et généreuse qui, toute sa vie, s'était portée au service du Maître avec tant de loyauté et de courage? Du reste, toujours prudente dans son zèle, elle n'oubliait pas le rôle de la grâce dans l'œuvre de la sanctification. Sachant que Dieu la dispense comme il lui plaît, à des degrés inégaux, elle suivait le mouvement de la grâce sans le devancer et n'exigeait pas de toutes ses filles la même vertu. Elle soutenait les plus faibles, stimulait les plus ferventes, laissant Notre-Seigneur dire à chaque âme le degré de perfection qu'il lui demande. Mais quand la voix de Dieu s'était fait entendre, il fallait être fidèle et obéir. « Elle y veillait avec un soin jaloux et vous obligeait à suivre jusqu'au bout, coûte que coûte, la lumière de la grâce. »

L'amour de la perfection ne se bornait pas en notre vénérée Supérieure au seul ordre spirituel. Il s'étendait encore aux choses extérieures et devenait le sentiment de l'art. Mère Térèse avait le goût du parfait en tout; elle avait à un très haut degré l'amour de l'état religieux et un sentiment élevé de tout ce qui s'y rapporte. Tenue extérieure, chants, cérémonies, règles liturgiques, ornements de l'autel, images et tableaux, tout était pour elle l'objet d'un soin spécial et minutieux. C'est peut-être à cause de cela qu'elle fut toujours si clairvoyante pour découvrir les moindres manquements : « Vous êtes plus exigeante que le bon Dieu, lui disait quelquefois en

riant son Assistante ; vous trouveriez des défauts jusque dans les anges. » La Mère aurait voulu en effet
que tout fût parfait dans la maison de Dieu et on
pouvait lui appliquer cette parole de nos saints Livres :
zelus domus tuæ comedit me.

VIII

VIE INTÉRIEURE

Mère Térèse du Sacré-Cœur fut plutôt une ascète qu'une mystique : elle est mystique cependant. Le *desponso te summo Filio Patris* qui lui a été dit au moment de sa consécration religieuse lui a ravi le cœur; elle a compris ce solennel langage, la joie intime de sa vie est là. On le sent à quelques exclamations qui jaillissent comme malgré elle de son âme et trahissent la vivacité de son amour. Mais loin de se reposer dans les douceurs de l'union divine, elle s'en sert pour passer à l'action : se vaincre elle-même, se soutenir dans la guerre sans trève déclarée à sa nature, avancer dans la perfection, tel est le but constant de ses prières et de ses efforts. Entre elle et Jésus, les entretiens sont fréquents; mais il y est plus question de sacrifices que de joie. C'est en imitant les vertus du divin Maître, en le suivant sur la route du Calvaire et en lui attirant les âmes qu'elle veut lui prouver son amour. Vraiment épouse par l'union de la vie et des sentiments, elle est à la fois Marthe et Marie, servant le Maître, écoutant sa parole, réalisant la double vie de prière et de zèle, demandée aux religieuses de l'Assomption.

Le bon sens, sa qualité maîtresse, régna dans sa vie intérieure, comme il régnait dans son administration. On ne rencontre nulle part dans ses notes spirituelles la moindre trace d'exaltation, aucune idée fausse ou confuse, surtout aucune subtilité : elle va droit au but. Dans le discernement des âmes dont elle est chargée, elle apporte ce même caractère d'exactitude et de clarté. On en est frappé lorsqu'on lit les comptes-rendus de sa maison envoyés à la Supérieure générale, et ce qu'elle écrit pour elle ou pour son directeur. Tout cela est net, simple, vrai.

De la clarté! elle en demande partout... Elle avait de la lumière un amour singulier, nous dit une sœur, et c'est peut-être cet attrait qui mettait tant d'éclat sur son front, dans son regard, dans les moindres productions de ses pinceaux. Un jour, comme la Mère regardait, par un de ces beaux et tièdes soleils du climat bordelais, le firmament bleu et profond : « Oh! s'écria-t-elle, quand je serai au ciel, je verrai beaucoup de lumière! je serai dans la lumière! D'autres se réjouissent en pensant aux harmonies qu'ils entendront alors. Pour moi, c'est la lumière qui m'attire. Je l'aime tant! »

L'apôtre saint Paul écrivait : *Filii lucis estis.* Vous êtes des enfants de lumière. Mère Térèse fut enfant de lumière, et sa vie intérieure grandit dans cette clarté divine qui répandait dans son âme des dons de force, d'action, de volonté persévérante. Ses grâces particulières et ses épreuves lui furent presque toujours ména-

gées sous la forme d'illuminations et d'obscurités sou-
daines. Voir clair est tout pour elle : les attraits qui la
déterminent viennent de là. Si elle se ralentit parfois,
ce n'est point par accablement, elle est incapable de
mollesse et de pusillanimité. Sa volonté ne chance-
lait que lorsque le jour baissait dans son âme. Alors
il lui en coûtait de demeurer ferme et d'avancer à
travers les ténèbres.

Mais lorsqu'elle voyait clair, comme elle marchait
vaillamment. « J'ai longtemps prié devant le Saint-Sacrement, et Notre-Seigneur m'a montré clairement
ce qu'il voulait de moi. Je lui demandais instamment
de m'éclairer et de me dire un de ces mots péné-
trants qui soit une lumière pour mon âme. J'ai senti
qu'il demandait de moi deux choses : 1° le recueillement dans l'action, joindre l'office de Marie à celui
de Marthe, l'esprit d'oraison dans mes œuvres, afin
qu'elles soient vivantes ; — 2° la mortification de toute
satisfaction naturelle, surtout en ce qui regarde les
souvenirs et les affections. J'ai vu ces deux choses aussi
clairement qu'il est possible, et mon cœur s'est incliné... Je creuserai maintenant ces pensées qui sont
la base des résolutions que je prendrai. »

Dans une autre retraite : « Peu de lumières pendant
cette oraison, mais à la fin désir ardent de *fondre*
ma volonté avec celle de Dieu. » Et ailleurs : « J'ai
fait deux méditations sans rien voir de bien clair pour
mon élection, si ce n'est que Notre-Seigneur me veut
abaissée, abandonnée, très détachée. »

Mère Térèse eut sa nuit spirituelle, ses épreuves

intérieures. A plusieurs reprises, la crainte des jugements de Dieu vint saisir son âme et la remplir d'effroi, heure douloureuse que bien des saints ont connue. La responsabilité de la charge de Supérieure lui pesait lourdement : « Beaucoup de Supérieures damnées parce qu'elles n'auront pas veillé à l'observation des règles dans leur maison !... écrit-elle dans une retraite. Rendre compte non seulement de mes infidélités, mais de celles dont je suis la cause pour les autres !... J'ai eu un moment de répulsion pour ma charge, elle m'a semblé écrasante. J'ai presque reproché à Notre-Seigneur de l'avoir mise sur mes épaules, mais il m'a semblé qu'il me répondait que mon fardeau était le sien, et qu'en le portant je faisais l'office de Simon le Cyrénéen, lui que j'envie toujours quand je fais le Chemin de la Croix. Cette pensée a été un baume, et tout en m'humiliant de mes fautes, j'ai plus considéré le côté *méritant* de la vie religieuse que le côté *effrayant*. »

Mère Térèse savait relever son âme par les pensées surnaturelles et dominer la crainte par l'amour; cependant la crainte reparaissait de temps en temps. « Autrefois, dit-elle, la pensée des jugements de Dieu ne me pénétrait pas du même sentiment, la sentence ne m'effrayait pas; je me rassurais par le souvenir de l'abandon que j'avais fait à Dieu de tout ce que je possédais, famille, liberté, biens du monde; maintenant je pense plus aux talents dont je devrai rendre compte : tant de grâces dans la vie religieuse !... J'ai eu un moment d'effroi, j'étais là brisée, ne sachant que faire et demandant à Notre-Seigneur d'apaiser les flots bouillonnants. Je me suis calmée près de lui à la clarté de ce mot de sainte Térèse : Je serai jugée par Celui que j'aime. »

Telle était sa prédisposition à la crainte que dans sa retraite de 1880, ses méditations sur l'enfer et le jugement l'ayant laissée calme, elle s'en inquiète : « Je me trouble maintenant de n'être pas troublée, ma sécurité n'est-elle pas un piège? » Puis, tournant ses yeux du côté du tabernacle : « J'ai pensé, ajoute-t-elle, que mon juge est celui-là même pour qui j'ai quitté tout ce que j'avais de plus cher au monde, ma famille, et je me suis rassurée. » — « Ce n'est pas l'enfer que je crains, dit-elle ailleurs, mais le jugement!... Dieu! que cela me bouleverse!... Cœur sacré de mon Maître, soyez mon refuge!... »

Le Cœur de Jésus, le Tabernacle, voilà son lieu de refuge; elle y revient toujours, et toujours elle y trouve la paix. Mais Dieu voulait que toutes ses vertus fussent laborieusement acquises : même la confiance est précédée de la lutte et semble une victoire. C'est qu'en effet, au milieu des troubles de l'âme, un cri d'amour est un cri de victoire, c'est la foi qui triomphe. La crainte exagérée est toujours un manque de foi, et tout chrétien doit dire avec saint Augustin : « Mon espérance est dans le sang versé pour moi; ma valeur, dans la miséricorde de mon Dieu. »

Mère Térèse en fait à chaque instant l'expérience, et après un acte d'abandon au Cœur de Celui qu'elle aime, nous la voyons ajouter : « La crainte céda et fit place à la plus délicieuse paix. » Plus tard elle dira avec son charmant sourire : « J'ai changé de voie spirituelle, je suis maintenant dans la paix la plus absolue. » C'est qu'elle approchait alors des rivages de l'éternelle paix.

La confiance en Marie est aussi le grand secours des âmes troublées. Comme l'espérance revient à Mère Térèse dès qu'elle prononce ce nom béni : « La méditation sur le jugement m'a laissée plus confiante que de coutume parce que j'ai pensé à la sainte Vierge. La seule idée que ma mère bien-aimée ne pourrait alors rien faire ni rien dire en ma faveur m'avait d'abord causé de l'effroi; mais je me suis jetée dans ses bras en la suppliant de m'assister à l'heure de ma mort, où elle sera encore toute-puissante. » Et ailleurs : « *O trahe me post te, Maria Immaculata !* Ne permets pas que je tombe dans le péché, ô toi toute belle et toute pure, ma Reine bien-aimée!... Garde-moi à ton Jésus, à ton fils tout aimable. Conduis avec lui cette maison qui est tienne. Je suis pauvre et je sens ma faiblesse. O Marie! si riche et si forte, soutiens-moi, aide-moi, jusqu'à ce que je puisse te voir là-haut dans la patrie. »

Des quatre vertus cardinales, c'est la force qui domine en Mère Térèse du Sacré-Cœur. Il y a de la violence évangélique dans ses efforts de volonté; elle prend les choses par leur côté difficile, ses fonctions par leur responsabilité, la perfection par le travail qu'elle exige. Les chemins escarpés, les cimes ardues ne lui déplaisent pas, et on ne saurait l'en blâmer, car en matière de sainteté, le sentier le plus raide étant le plus droit est aussi le meilleur à prendre. *Arcta via quæ ducit ad vitam.*

Mais dans ces sentiers difficiles, il pousse des fleurs : ce sont les vertus. Lisez les lignes suivantes qu'on croirait écrites par saint François de Sales : « Ah ! saintes et petites vertus quotidiennes que je puis pratiquer à chaque instant ! petites fleurs qui croissez au pied de la Croix ! avec quelle sollicitude je veux désormais vous cueillir pour vous présenter à Jésus, mon Époux, mon Roi bien-aimé ! Petites fleurs embaumées de la douceur, de la patience, de la bienveillance, de la modestie que ma charge me présente à chaque instant du jour : vrai petit trésor, je veux me servir de vous pour ravir le Cœur de mon Époux. N'est-ce pas de vous qu'il est dit dans le Cantique des Cantiques : *Vulnerasti cor meum, soror mea sponsa, vulnerasti cor meum in uno oculorum tuorum et in uno crine colli tui ?* »

Le travail de Mère Térèse sur elle-même fut un travail sérieux, soutenu, qu'elle poursuivit jusqu'à la fin de sa vie avec une persévérance admirable. « Avant tout, la vertu solide », disait-elle avec saint Ignace, et la lutte ne l'effrayait pas. C'est à sa nature qu'elle en veut : *au terrible moi.* « Il faut qu'il meure !… Être impitoyable pour *ma personnalité*, l'attaquer en toute rencontre. » Telles sont les résolutions que nous trouvons à chaque instant dans ses notes. Or, le *moi* ne se résignait pas à mourir. Que de fois il a trompé la chère Mère, s'appropriant son ardeur, sa force de caractère pour y trouver son aliment ! Quelquefois, on le croyait mort, puis tout à coup il reparaissait par surprise, plus vivace que jamais, dans des révoltes intérieures de la volonté, dans de petites brusqueries de commandements, de paroles, de gestes. Tant de perfidie l'indigne; elle se montre étonnée, froissée presque, de ne pas pouvoir ce qu'elle veut.

« J'ai été ce mois-ci d'une vivacité désespérante. Les jours passent et je suis toujours *moi*. Ah! Seigneur, vous savez cependant que je vous aime, changez-moi en *vous*. Que mon extrême désir de faire du bien aux âmes m'aide à mettre de l'énergie dans la lutte que je veux livrer à ma *personnalité*... Me modeler sur la sainte Vierge, ma mère tant aimée. O Reine du Perpétuel Secours, ma Reine à moi, aidez-moi! »

« Vous avez été dans le creuset, lui écrivait le Révérend Père C., son directeur, il faut que vous en sortiez *or pur*. Dieu attend beaucoup de vous. Il vous travaille afin que vous effaciez toute personnalité. Nous sommes *moi* beaucoup trop souvent, et c'est parce que nous sommes trop *moi* que Notre-Seigneur ne peut être assez *lui*. » — « J'ai bien médité ces paroles *toutes de Dieu*, ajoute Mère Térèse en les transcrivant. Je ne suis pas sortie *or pur* du creuset, mais je vois bien qu'il faut que je me laisse façonner par le divin Maître. Pour cela, travailler toujours à faire mourir *le moi*, c'est l'obstacle. *Il le faut*, donc, ne pas le ménager, le poursuivre jusque dans ses plus petits retranchements, l'attaquer *en toute rencontre*. » Nous soulignons pour conserver plus complète l'exactitude de la citation et montrer les points sur lesquels appuyait principalement la vaillante Mère.

A la haine de soi, elle ajoutait tout naturellement l'esprit de sacrifice et l'amour de la mortification qui, dans ce genre de combat, sont les deux armes offensives. « Je veux vivre sacrifiée, écrit-elle, c'est-à-dire non point monter de temps à autre sur la croix, mais y être clouée. *Christo confixus sum cruci.* » C'est à un état fixe et permanent d'immolation qu'elle aspirait, et s'offrant à Dieu chaque matin à la sainte messe, au moment de la consécration : « C'est mon sacrifice du jour présent, disait-elle, je m'unis à celui de Jésus qui s'immole pour moi. »

Ce désir d'être victime avec le Sauveur élargissait singulièrement sa piété en la faisant s'unir aux intentions d'universelle réparation du divin sacrifice. « Chaque matin, je renouvelle mes promesses d'immolation complète, et pour y être plus fidèle, je me donne de grands motifs : travailler et souffrir pour l'Église, le Pape et la France. » Mère Térèse aimait ces deux patries — l'Église et la France; — elle comprenait que leurs épreuves devaient être communes, et elle eût voulu les racheter en union avec Notre-Seigneur et au même prix. « Comme les âmes vraiment catholiques et françaises devraient se montrer généreuses pour consoler Notre-Seigneur si offensé en ce moment, écrit-elle à Mère Térèse-Emmanuel. En présence des intérêts de l'Église et de notre chère France, j'aurais honte de penser à moi. Je suis poussée, forcée à apporter la plus impitoyable énergie à me crucifier moi-même. Être une bonne religieuse, en d'autres temps, on peut s'en contenter : aujourd'hui, il faut être une sainte. »

En 1880, au moment des persécutions dirigées contre les ordres religieux, elle fut reprise de cette noble ardeur de réparation par le sacrifice : *Je supplée*, disait saint Paul, *à ce qui manque à la Passion de Jésus-Christ*, c'est-à-dire je m'applique ses mérites en unissant mes souffrances aux siennes, les offrant pour les grands intérêts de la gloire de Dieu et du salut des âmes. Mère Térèse voulut faire de même en se dépouillant entre les mains de Dieu, en esprit d'amende honorable, de tout mérite de ses actions, souffrances et prières. Il s'agissait d'une offrande solennelle faite sans réserve et pour toujours. Mère Térèse-Emmanuel fut consultée : « ... Un mot de mon âme, chère Mère ; Notre-Seigneur me pousse pendant cette retraite à lui promettre de faire cette année toutes mes actions, d'offrir toutes mes prières, offices, communions, toutes les souffrances que je pourrais avoir, en esprit de réparation des sacrilèges commis en France, des blasphèmes proférés, des impiétés qui se disent et s'écrivent chaque jour. Il me semble que cela m'aiderait à souffrir, à prier, à faire généreusement ce qui me coûte, à bien remplir ma charge. La pensée de consoler le Cœur blessé de Jésus-Christ me serait bien douce ! le puis-je, chère Mère ? Je n'ose faire cette promesse sans votre approbation parce que je veux que ce soit un engagement *très sérieux*, sanctionné par l'obéissance et qui m'oblige beaucoup. Un simple *oui* ou *non* me contentera. »

Mère Térèse-Emmanuel répondit aussitôt : « Faites votre promesse pour le temps que durera cet attrait. Peut-être plus tard en aurez-vous un autre, et il faut conserver la liberté de suivre les divers mouvements de la grâce ; mais l'attrait actuel est excellent, et vous ne pouvez que gagner beaucoup à le suivre. Il relèvera votre vie, toute souffrance deviendra joie. Avec la réparation, la vie change de face : ce qui est une peine ou un mal dans l'ordre naturel devient un bien; un moyen de satisfaire et de rendre à Dieu ce qu'on lui a ôté. »

L'année suivante, peu après la violente dispersion des religieux, Mère Térèse sent les mêmes désirs de compatir efficacement aux affronts de l'Époux divin : « Comment, écrivait-elle, ne pas chercher pendant ces jours de deuil à se rapprocher le plus possible du Cœur si outragé de Jésus!... Me mettre avec lui sur la croix, ne pas le quitter et lui redire sans cesse le long du jour des paroles de fidélité et d'amour... Vigilance continuelle pour garder mon cœur très pur, que rien n'y attriste le regard de Jésus. Tant de chapelles ont été fermées cette année!... Que mon cœur soit un sanctuaire!... la flamme de la lampe qui doit y brûler toujours, sera la vigilance. Puissent les âmes qui en approchent y trouver Jésus!... »

L'esprit de sacrifice était, nous le voyons, la base de la vie intérieure de Mère Térèse, la forme habituelle que revêtaient les grâces particulières qu'elle recevait de Notre-Seigneur; mais comment passait-elle de cette doctrine à l'application pratique? Ses résolutions de retraite vont nous le dire : — « Ma nature a besoin de mortification : je me mortifierai donc *sur toute la ligne*. Je paierai royalement, ne marchandant jamais avec Dieu, ne m'inquiétant pas de ce que les choses coûtent, mais uniquement de ce qu'elles valent... Multiplier les petites privations à défaut des grandes... Être moins raide, et chaque fois que je manquerai à cette résolution, réciter 5 *Pater* et 5 *Ave* les bras en croix... Briser ma nature pour rendre mes rapports avec les sœurs constamment doux, faciles, agréables. Pour elles, m'effacer, m'oublier, ne consulter jamais mes goûts... Céder toujours et tout de suite dans les choses indifférentes. Me contenir... ne pas parler quand je suis contrariée... ne pas reprendre quand je suis émue... Prier toujours à genoux, ne pas m'appuyer lorsque je suis assise. Choisir d'avoir en tout le plus pauvre et le moins : c'est la parole de la Règle, m'y conformer strictement... Quant aux épreuves ménagées par la Providence, répondre à Notre-Seigneur est encore plus simple que de répondre à la messe : il n'y a qu'à dire toujours *Amen*. »

Nous avons mis ensemble les textes précédents, bien qu'ils se rapportent à des époques diverses, pour montrer que l'esprit de notre chère Supérieure fut en tout temps dominé par la pensée du sacrifice. Mais son programme de mortification n'est point là : elle eut d'autres secrets pour s'immoler et se réduire en servitude. Une journée sans pénitence était à ses yeux une journée perdue : « Seigneur Jésus, combien je suis triste ce soir! Je ne vous ai offert aucun, ou presque aucun sacrifice. » Elle-même a confié que pendant un certain temps, elle avait obtenu la permission de faire toutes les pénitences qu'elle voudrait. « Jamais, ajoutait-elle, je n'ai ressenti de joie plus douce ».

C'est de très bonne heure que Mère Térèse avait laissé prendre à sa dévotion l'allure austère. Peut-être faudrait-il remonter à l'origine de sa vocation. Il est certain du moins que déjà au temps de son postulat, elle ne voulait entendre parler d'adoucissements en matière de discipline ni pour elle ni pour les autres. L'expérience et surtout le cœur de mère qu'elle prit avec la charge de Supérieure, la rendirent ensuite plus miséricordieuse. Néanmoins, il lui resta toujours je ne sais quelle crainte de trop céder à la nature.

Ardente à s'appliquer les principes de la perfection chrétienne, elle se les assimilait à un degré peu ordinaire. Rien de plus efficace pour les bien apprendre que d'en faire l'essai sur soi; les convictions ainsi acquises deviennent un bien propre. C'est ce qui explique comment la piété de Mère Térèse fut dans la meilleure acception du mot originale et personnelle. Ce qu'elle a entendu, ce qu'elle a lu, nous le retrouvons dans ses notes; mais vigoureusement saisi, dépouillé de tout caractère de généralité, appliqué à sa conduite ou à la direction des autres. Elle possède comme les saints l'art de le traduire en mots heureux, pleins d'esprit, de verve et de gaieté. Nous l'avons déjà remarqué, nous en serons plus frappés encore en lisant la douloureuse histoire de sa maladie.

Dans les pensées de la foi, elle se meut à l'aise et manie le langage spirituel de la manière la plus naturelle. Qu'elle parle de Notre Seigneur ou qu'elle lui parle, c'est toujours avec bonne grâce, simplicité,

sans recherche : « Puis-je venir à vous autrement?
Vous aimez ma pauvre petite âme telle quelle, et
vous voulez qu'elle soit toute vôtre. La voici donc.
A quoi bon m'effrayer de ma petitesse et de ma pauvreté? Sans ma misère, j'attirerais moins vos regards,
ô mon Seigneur et mon Maître! »

Parfois, elle devient très tendre dans ses rapports
avec Jésus-Christ : c'est le privilège des âmes pures.
Facilement craintives, elles sont aussi facilement
consolées, les joies de l'union divine leur apportent
une ineffable paix. — « O la bonne paix que j'ai
trouvée aux pieds de Jésus! qu'il est bon et comme
il faut que je lui sois fidèle. Il est bien le Jésus de
Térèse, ne faut-il pas que je sois Térèse de Jésus?
pas *Térèse* toute seule, mais *Térèse du Sacré-Cœur*...
Toutes mes fautes pardonnées, toutes mes craintes
dissipées... Ah! comment craindrai-je le bon Dieu?
Non, je ne le craindrai jamais plus. »

Le lendemain, elle écrivait encore : « J'ai com-
munié ce matin, j'avais faim et soif de Notre-Seigneur. Il est venu à moi, non seulement comme un
père qui accueille bien le pauvre Prodigue, mais
comme un époux qui apporte à son épouse des
trésors de tendresse et de délicatesse. Il m'a appelée
par mon nom : Térèse du Cœur de Jésus, et m'a
interrogée comme Pierre : — M'aimes-tu? m'aimes-
tu plus que les autres? — Qu'avais-je à répondre?
Moi aussi, je l'ai appelé par son nom : Jésus du
cœur de Térèse! Oui, je vous aime, je veux vous
servir, vous faire aimer, vous montrer dans ma vie,
dans mes actes, mes paroles. Être vous et pas moi,

vous toujours avec tous, vous doux et humble de cœur, vous toujours bon pour tous, vous partout... Quelle entreprise pour un petit courage comme le mien! Mais Jésus qui me demande si instamment de le faire sera là, et quand Jésus est présent tout est bon et rien ne paraît difficile. *Magister adest et vocat te.* Et Marie-Madeleine se leva et courut vers lui. »

Mère Térèse était une âme de prière. Au milieu des épreuves spirituelles qu'elle a traversées, elle a toujours conservé le goût de l'oraison; plus l'accablement était grand, plus elle priait. A en juger par ses notes, l'oraison lui était facile : c'est là surtout qu'elle recevait la récompense de la simplicité de sa foi et de la droiture de son cœur. Cela lui valait d'entrer sans retard en communication avec le divin Maître. Une de ses habitudes était de le suivre dans une scène de sa vie, de se placer près de lui, de le contempler, de prendre pour elle-même ses paroles, de s'attacher à ses pas. « Je l'ai vu ici... je l'ai suivi là... je l'ai entendu... » telles sont ses formules familières. Elle appelait cela « creuser le mystère », c'était plutôt le reconstituer en une scène vivante :

« Après le repas eucharistique, Jésus a entonné le cantique d'action de grâces. Oh! la douce voix! Puis, nous sommes sortis, et il s'est dirigé vers la montagne des Oliviers; je l'ai suivi. Pendant la route, je lui ai dit : Vous allez là-bas, Seigneur? Vous savez bien cependant que Judas se prépare à s'y rendre pour vous livrer, Jésus avait le front soucieux; ses disciples et moi, nous étions tristes. Parvenu à la grotte de Gethsémani, il y est entré, je l'y ai suivi pour qu'il ne fût pas seul. J'ai vu sa sueur de sang, j'ai vu son agonie, j'ai compati à son abandon. Mon Dieu! comme j'ai senti l'horreur de mes fautes, en comprenant que c'étaient elles qui l'abattaient ainsi sous leur poids! »

Voici une autre méditation sur Nazareth : « Je suis entrée dans cet intérieur de Nazareth, et là j'ai contemplé le Saint Enfant Jésus obéissant, travaillant, se taisant!... J'ai contemplé saint Joseph, modèle de vie intérieure, et la sainte Vierge Marie recueillant chaque parole de son divin Fils, les méditant dans son cœur. Quelle paix dans cette humble demeure pauvre des biens de la terre, mais riche des biens du ciel!... En voyant le Saint Enfant Jésus si caché, j'ai beaucoup désiré mener une vie *très cachée*. — Mais puisque mon emploi s'y oppose, me cacher dans les replis du Cœur de Jésus, écouter ses enseignements, imiter ses vertus. Comme son maintien est modeste! Sa voix douce et pénétrante! Que la mienne ne soit plus raide, mais qu'elle aille au fond des âmes. »

Quelquefois, la Supérieure arrivait à l'oraison sous l'impression du sentiment vif de quelque secours à demander, de quelque souffrance à calmer. Alors, ses rapports avec Notre-Seigneur devenaient tout de suite intimes. C'était la confiance, l'abandon d'un enfant qui parle à son père, d'un ami à son ami : tout part du cœur, tout est sincère, rien de factice ni dans les pensées, ni dans les impressions, ce qui est un écueil pour les âmes même les plus droites.

Un matin, elle descendit à la chapelle en repassant dans sa mémoire les divers points du sujet de méditation qu'elle avait préparé la veille. Le plan manquait-il de netteté ou le sujet d'onction? je ne sais; mais la chère Mère n'y trouvait rien pour son âme, lorsque, levant les yeux vers l'autel, elle aperçut le Crucifix : « Vois donc ce que j'ai fait pour toi. — Pour moi, Seigneur!... et moi qu'ai-je fait pour vous? » Et voici son âme qui s'épanche en regrets, en excuses, en résolutions destinées à l'application immédiate. « *Aujourd'hui, dès aujourd'hui!* » écrit-elle en répétant et soulignant le mot.

Avec de pareils attraits pour la vie intérieure, la retraite ne pouvait être difficile à Mère Térèse du Sacré-Cœur; elle y était au contraire fortement attirée, et ses notes témoignent qu'elle y entre avec joie, heureuse de dégager son âme des préoccupations ou des affaires pour se trouver seule avec Dieu. Elle appelait cela : « tout laisser pour s'occuper de la seule chose nécessaire. *O unum necessarium! unum volo, unum quæro, unum desidero!* »

« Combien je sens le besoin de m'isoler pour trouver le repos et le bienfait d'une retraite, écrit-elle en 1879. Notre-Seigneur me fait tout de suite comprendre qu'il veut que j'entre dans une grande solitude intérieure pour que je puisse *voir* les obstacles qui m'arrêtent et les moyens à prendre pour les écarter. Il faut que je me plonge dans cette retraite comme dans un océan afin d'en sortir purifiée, sanctifiée, apaisée et fortifiée. Quel besoin j'ai de Dieu!... Je me laisse étourdir par tout ce qui m'environne, et cependant rien ne me séduit, rien ne me suffit. C'est mon Dieu que je cherche partout, c'est lui seul qui peut combler le vide que je sens en moi. *Lui, lui seul!* voilà le cri de mon âme. Pourquoi donc m'attarder avec les créatures et m'embarrasser dans les sollicitudes de la vie? Est-ce que je ne devrais pas déjà avoir pris mon vol au-dessus de tout cela!... Faisons silence, ô mon âme, calmons tout : esprit, cœur, imagination... c'est dans la paix que je veux travailler sous le regard de Dieu... *Seigneur, faites que je voie! Domine, fac ut videam.* »

La Mère faisait ordinairement sa grande retraite du 29 novembre au 8 décembre pour la clôturer sous les auspices de Marie-Immaculée. Sous la direction du R. P. C., de la Compagnie de Jésus, confesseur extraordinaire et ami dévoué de la maison de Bordeaux, elle suivait chaque année les Exercices de saint Ignace dont elle aimait le fond et la forme. Le ton des Exercices allait à sa nature énergique. Cette vaillance spirituelle, ces cris de guerre, ces fiers défis ne lui déplaisaient pas. Pour elle aussi la vie est un combat, et la vertu une victoire. « En avant dans le sacrifice, en avant dans le travail, le dévouement, l'oubli de soi... Me réveiller coûte que coûte, l'ennemi veille... défendre la place courageusement..... » C'est elle qui parle, et voyez comme elle possède la langue des Exercices et sait les appliquer à sa vie.

« Me servir des créatures *autant* qu'elles me sont utiles pour me conduire à ma fin, *ni plus, ni moins ;* m'en dégager, m'en abstenir *autant* qu'elles me sont nui-

sibles, *ni plus, ni moins*. Il résulte de là que jamais
mes répugnances et mes attraits ne doivent être con-
sultés. Ce qui me plaît est souvent un obstacle à ma
fin, et ce qui me déplaît est quelquefois la seule chose
utile à ma fin. Cette petite règle *ni plus ni moins* renferme la perfection la plus grande. A moi religieuse,
elle me dit de déraciner tout ce qui est obstacle à mon
avancement et d'accepter toutes les peines et difficultés de ma charge qui sont des moyens que Dieu
met à ma portée. »

« *Me signaler*, dit-elle encore avec saint Ignace.
Il y a longtemps que j'ai dit à Notre-Seigneur que je
voulais le suivre; mais cela ne me suffit plus, je veux
maintenant souffrir avec lui, *me signaler* à son service. » Et dans une autre méditation sur *le Règne*
ou appel du Roi Jésus aux âmes qui veulent le suivre : « Tout me crie : place, place à Jésus-Christ, au
meilleur des Maîtres, à Celui qui a les paroles de la
vie éternelle. Je l'ai choisi, j'ai pris sur moi son joug.
Mais règne-t-il vraiment en Maître et en Roi? A-t-il
vraiment son royaume dans mon cœur? Ah oui! place
à Jésus; il est juste qu'il règne dans le cœur de son
épouse, qu'il soit son Seigneur et son Dieu. Donc,
bannir tout ce qui est obstacle à son règne : amour-
propre, amour de mes satisfactions, etc... »

Mère Térèse sait trouver dans les Exercices l'onction
et la liberté : ceux qui n'y trouvent pas ces choses les
ont-ils bien compris? Avec quelle respectueuse confiance, elle suit cet admirable itinéraire de l'âme tracé
par un saint! Si l'âme se détache des créatures, c'est

afin de poursuivre plus librement sa marche vers Dieu; si elle combat, c'est que des ennemis veulent l'arrêter dans sa course; mais une fois les créatures dépassées, les ennemis vaincus, elle est conduite aux pieds du Maître qui a les paroles de la vie éternelle, qui lui enseigne où est la vraie vie, où se trouve le vrai bonheur.

Mère Térèse entre tout de suite dans la pensée de saint Ignace : « Je suis créée pour Dieu!... de toute éternité, j'ai été dans la pensée de Dieu... moi, si petite!... Je suis créée pour l'aimer, pour *m'acheminer* continuellement vers lui! Mon indigence m'effraie.... penser qu'elle rencontre l'affluence de Dieu et m'écrier avec saint Augustin : O désirer! ô aimer! ô marcher, ô parvenir à Dieu! — Pendant cette méditation, une pensée d'effroi m'a saisie; je me suis demandé avec inquiétude si vraiment cette année j'avais toujours *cheminé* vers Dieu. Que de choses ont arrêté ma course.... je me suis si souvent découragée. Chercher à voir mes défauts avec calme pour me corriger. Revenir à Dieu que je veux aimer; secouer la poussière terrestre. Le soleil est fait pour éclairer, il éclaire; les oiseaux pour chanter, ils chantent. Moi... pour aimer Dieu. Ah! que je vous aime, Seigneur; pour que mon âme vive, j'ai soif de votre amour. »

La docile retraitante n'est nullement emprisonnée dans la méthode de saint Ignace, elle en comprend trop bien l'esprit. Ses notes rappellent de loin celles du P. Olivaint. C'était un de ses auteurs de prédilection; aussi lui prend-elle ses pensées, ses expressions, quelquefois même ses résolutions de retraite : « Cette résolution du P. Olivaint m'a semblé bonne pour moi, je la note ici : Tâcher d'être d'autant plus affable et douce que j'ai un refus à faire et l'autorité à soutenir. » Puis elle ajoute avec lui : « On est supérieur pour aimer, c'est-à-dire se *dévouer, servir et s'humilier.* »

Mère Térèse du Sacré-Cœur n'en est pas moins très personnelle dans ses réflexions; c'est bien elle qui parle, qui travaille, qui sent. Les exemples abondent. Après la méditation sur l'Indifférence à l'égard des créatures, nous lisons : « J'ai médité et pesé le texte de saint Ignace : *Necesse est facere nos indifferentes.* J'en ai vu la nécessité pour moi et j'ai cherché à m'établir dans cette disposition. Cette indifférence me semble être l'accord parfait de ma volonté avec celle du Maître. Elle me tient dans l'abandon. Je ne veux plus que ce que Dieu veut, et comme il le veut. Je ne consulte plus mes goûts et mes répugnances, je me place au-dessus : *superius!* »

Dans une autre retraite, méditation sur la tiédeur : « Je n'ai pas trouvé en moi toutes les marques de la tiédeur, mais peut-être en ai-je quelques-unes : les petites fautes si souvent répétées!... Cet état m'a fait peur, j'ai lu cette phrase de l'Apocalypse : *Rallume ton zèle.* Opposer à une disposition tiède la ferveur du cœur et de l'esprit, la vigilance. Se connaître, vouloir se convertir, agir et prier, voilà les moyens de combattre la tiédeur. Que mon âme, Seigneur, soit un foyer ardent où brûle toujours la flamme pure de votre amour! Un amour qui veille ne laisse pas entrer la tiédeur. Réveiller le surnaturel quand on ne peut pas réveiller l'ardeur, et ne pas me laisser aller à ces pensées de découragement qui enlèvent à mon âme toute vaillance. »

Ses méditations sur l'Enfant Prodigue sont toujours profondément touchantes; elles apaisent cette conscience délicate facilement troublée par la pensée du péché et du jugement. « Comme l'Enfant Prodigue, je me lèverai, j'irai à mon Père. Je n'irai pas à mon Juge, mais à mon Père, *au Cœur de mon Père*, du meilleur des pères!... J'attendrai son pardon, je me jetterai dans ses bras, j'espérerai tout de son amour. Quelle bonne et consolante méditation!... J'ai compris tout ce que le cœur de mon Dieu renferme pour moi de miséricorde et de tendresse. Comment y répondre?... » Toujours des conclusions pratiques, et pour le jour même.

Madeleine aux pieds de Jésus fait suite dans les notes à la méditation sur l'Enfant Prodigue; c'est la même pensée sous une autre forme, le retour à Dieu. Et puis Madeleine est sa patronne, elle a été pardonnée parce qu'elle a beaucoup aimé : « Comprendre et goûter la joie de Madeleine lorsqu'elle entendit cette parole : vos péchés vous sont remis. La première, elle s'est adressée à Jésus comme Sauveur, lui demandant la guérison de son âme : Allez en paix. Notre-Seigneur n'ajoute pas comme à d'autres : Ne péchez plus, sans doute parce qu'il sait qu'elle l'aime trop pour pouvoir pécher encore. Oh! si Notre-Seigneur pouvait compter sur moi, comme il compte sur Madeleine! »

La première semaine des Exercices est toujours un peu laborieuse : c'est la purification de l'âme par la considération de ses fins dernières et par un examen de conscience qui n'est pas toujours consolant. Aussi, un prédicateur de retraite ayant dès sa première instruction annoncé aux sœurs qu'elles allaient avoir huit jours de repos et de béatitude : « Ah! mais, c'est que ce n'est pas du tout comme cela pour moi, dit en souriant Mère Térèse : je travaille beaucoup pendant mes retraites, et la béatitude n'arrive qu'à la fin, lorsque je me sens bien décidée à suivre Jésus-Christ jusqu'au bout, sans réserve. »

Suivre Jésus-Christ!... C'est tout le désir, l'aspiration de son âme : « J'entre maintenant dans la deuxième partie des Exercices : l'étude de Notre-Seigneur. L'étudier pour le mieux connaître, le mieux imiter, l'aimer davantage : quelle joie pour mon âme! — *Sequere me,* ce mot me dit tout. Étudier sans cesse Jésus-Christ à la lumière de son Évangile, le faire mon compagnon de route, de fatigue, de peine, prendre et porter sa Croix, le regarder, l'écouter, le contempler sans cesse, me tenir près de lui pleine de dépendance et de confiance : *dépendance* douce, patiente, joyeuse; *confiance* grande, lumineuse, pleine de foi! »

De toutes les méditations de saint Ignace, celle que Mère Térèse affectionne le plus, c'est *le Règne,* fondement de la deuxième semaine. Elle la varie merveilleusement, l'appropriant toujours au besoin actuel de son âme. Nous en avons déjà cité quelques exemples; mais pouvons-nous omettre cette page où se peint si bien l'âme ardente et généreuse de notre vénérée Supérieure? Elle avait déjà passé par la souffrance

et grandi à ce divin contact, lorsqu'elle écrivait :
« En méditant sur *le Règne,* j'ai compris que Notre
Seigneur, par les conseils évangéliques, appelait d'une
manière plus intime certaines âmes à le suivre de plus
près, et que parmi elles, il s'en choisissait encore de
plus intimes!... Ce grand Roi a besoin d'un grand
nombre de soldats pour conquérir le monde, il a besoin aussi de chefs auxquels il confie des postes dan-
gereux, difficiles; il *compte* sur certaines âmes, les
honore de sa confiance, mais exige d'elles un dévoûment proportionné à la charge qu'il leur confie.

« Jésus, mon divin Roi, m'a confié une petite for-
teresse à défendre et à préserver. J'ai une troupe à
conduire. Mon petit bataillon est dévoué au grand
Roi; mais il y a des natures moins aguerries, des tem-
péraments plus ou moins vigoureux; pas un de mes
soldats n'a la même trempe d'âme. Jésus compte sur
moi pour leur donner l'exemple de la bravoure, des
travaux supportés, des privations endurées. Il compte
que je ne défaillerai pas, que je marcherai en avant,
consolant les faibles, soutenant les infirmes, ranimant
les courages. Il compte surtout que je ne perdrai aucun de ceux qu'il m'a confiés, que je ne laisserai pas
l'ennemi m'enlever mes soldats, et que je serai fidèle
à défendre mon poste, dussé-je y mourir. Si le poste
est honorable, il est périlleux; il faut marcher contre
soi-même, veiller sans cesse, garder le bien de Jésus-
Christ. Sans doute ma petite troupe est fidèle; mais
plus que jamais l'attacher à son drapeau, c'est-à-dire
à sa Congrégation; plus que jamais lui donner de
l'élan, de l'ardeur, de l'amour pour son Roi Jésus!... »

Nous ne pouvons suivre Mère Térèse dans ce que saint Ignace appelle la contemplation des Mystères : C'est le regard de l'âme fixé sur Jésus, le contemplant depuis sa glorieuse Nativité jusqu'à sa mort douloureuse, pour apprendre de lui la grande science de la sainteté qui n'est autre que la vie du Christ reproduite en nous. *Vita tua, via mea.* Une seule méditation suffira pour nous faire voir comment la Mère trouvait dans la vie de prière unie à la vie de zèle la parfaite imitation de Jésus-Christ.

« J'ai étudié surtout le côté *priant* de la vie publique de Jésus-Christ. Il pratique les œuvres de zèle sans interrompre l'exercice de sa prière. Il prie la nuit, il se lève de grand matin pour prier, il se retire le soir sur la montagne pour prier encore. Ainsi par son exemple, il m'enseigne à joindre la vie active à la vie contemplative. *Levemus corda nostra cum manibus ad Dominum in cœlos.* Nos mains pour agir et nos cœurs pour prier, ainsi l'action est soutenue par la prière. (Saint Grégoire). Jésus! modèle de vie *priante* dans les œuvres de votre vie publique, devenez le modèle de ma vie agissante. Que je reste les yeux fixés au ciel, priant avant d'agir, restant sous votre action, travaillant sous votre regard. Tendre à me dégager de ce qui est matériel dans l'action pour n'y voir que la gloire de Dieu et le bien des âmes. »

Nous avons eu sous les yeux le texte des résolutions prises par Mère Térèse à la fin de chacune de ses retraites. On y sent le mouvement ascensionnel de la grâce qui demande toujours davantage ; la lumière de vient plus vive sur le point de perfection à atteindre, sur les défauts à corriger. Cependant le fond reste toujours à peu près le même. Tout se réduit à deux choses : union à Jésus par la prière, lutte contre la personnalité. La Mère y revient sans cesse en variant la formule et les applications ; mais là est le grand travail de son âme, elle le poursuit avec une persévérance que rien n'arrête ni ne ralentit.

« *Sequere me.* A la fin de cette retraite, Dieu me fait la grâce de désirer de tout mon cœur une plus grande union avec lui. J'ai mieux compris l'insigne bienfait de ma vocation, de l'appel à la vie parfaite, et j'ai senti une peine très vive d'y avoir si peu répondu. Je désire d'un grand désir suivre Jésus-Christ de plus près ; le *Sequere me* de l'Évangile m'a profondément touchée et je sens que Dieu veut de moi un service plus généreux, une fidélité plus grande. J'ai pris sous son regard les résolutions suivantes : — 1° *Tenir mon cœur en haut par la prière.* Me rappeler cette phrase de la vie de saint Bernard : « Toujours occupé du but, Bernard avait son regard en haut. » Saint Pierre marchant sur les eaux enfonce dès qu'il cesse de regarder Jésus. Recours confiant à Jésus dans les difficultés de ma charge. Le mettre entre moi et les âmes, m'inspirer de ses pensées, des sentiments de son Cœur divin. Ne pas séparer dans ma vie l'action de la prière, revenir sans cesse à Notre-Seigneur. Me faire dans le cœur une solitude où je puisse me retirer, même au milieu de mes plus pressantes occupations. — 2° *Travail incessant sur mon orgueil, ma volonté propre, ma personnalité.* Mettre devant moi Jésus doux et humble de cœur. *Discite a me quia mitis sum et humilis corde.* Il a été appelé l'*Agneau de Dieu.* Arriver à la douceur à force d'humilité. Excéder plus en bonté qu'en fermeté à cause de la raideur de mon caractère... Craindre de mettre mon autorité à la place de celle de Notre-Seigneur. Lui gagner les âmes par la douceur. Que mon extrême désir de faire du bien aux âmes m'aide à mettre de l'énergie dans la lutte que je veux livrer à ma personnalité. »

Suit le détail des applications pratiques de ces deux résolutions. « *Hoc fac et vives,* » a écrit le directeur de sa conscience au bas de cette page. Elle répond : « Non pas moi seulement, mais celles dont j'ai la charge. L'heureuse issue de ma retraite sera un bienfait pour elles autant que pour moi. »

Voyez les lignes touchantes que cette pensée lui inspire le soir de la clôture de sa retraite : « Demain, je vais me retrouver au milieu de mes sœurs. Ah! si je pouvais leur apparaître comme Jésus ressuscité apparaît à ses disciples pour leur apporter et leur donner la paix! Si je pouvais être tellement identifiée à lui qu'il soit visible et rayonne en moi, dans ma personne, ma démarche, le ton de ma voix, dans tout l'exercice de mon autorité. Si je pouvais leur donner Jésus-Christ!... »

Tel était pour Mère Térèse l'idéal de la Supérieure; son grand mérite est de l'avoir regardé en face et poursuivi sans découragement. Elle comprenait que la Supérieure représentant Jésus-Christ par son autorité devait aussi le représenter par ses vertus. Elle n'avait donc plus qu'à mourir à elle-même et à s'effacer pour laisser voir Jésus-Christ. « La première chose que j'aie à faire pour le bien des âmes qui me sont confiées, écrit-elle, c'est de me sanctifier. Que peut donner celui qui n'a rien?... M'enrichir de vertus pour avoir une action plus forte.. surtout me revêtir de douceur, d'humilité, de miséricorde... »

L'auteur de l'*Imitation* recommande d'introduire Dieu familièrement dans ses moindres conseils. C'était la pensée de Mère Térèse, elle aurait voulu que Dieu ne fût étranger à aucune de ses décisions et se reproche de ne pas assez consulter Notre-Seigneur. « Je n'ai pourtant pas le droit d'agir sans lui. Désormais je lui dirai : J'ai telle chose à faire ou à dire, comment m'y prendre, Seigneur, pour le faire ou le dire à votre gré? »

Si elle n'avait vu dans la supériorité que la charge, la chère Mère l'eût trouvée trop lourde pour ses épaules et eût succombé; mais y découvrant un stimulant efficace, une nécessité d'état d'être plus sainte, cela lui fut une compensation. Elle s'en fit un levier d'action, celui qui eut toujours le plus de puissance pour déterminer sa volonté. Dès le premier moment, elle s'accoutuma à ne plus considérer sa perfection que dans ses rapports avec sa fonction. « Je me dis que ce que j'ai le devoir de recommander aux autres, je dois commencer par le faire la première, et c'est une des pensées qui m'aident le plus. » Elle ne connaît d'autre manière d'exercer l'au-

torité que celle proposée par saint Pierre : « *Paissez
et conduisez le troupeau que Dieu vous a confié, non par
le seul pouvoir du commandement, mais par celui de
l'exemple.* » Mère Térèse du Sacré-Cœur se montra
avant tout le modèle de ses religieuses ; ce qu'elle
exigeait des autres, elle l'avait d'abord exigé d'elle-
même, et si quelquefois elle put paraître dépasser
la mesure, c'est que très sincèrement, elle ne pouvait
penser qu'il fût difficile de l'égaler et même de la
dépasser en vertu.

Lorsque l'épreuve de la maladie la contraignit aux
ménagements et aux dispenses, nous savons que ces
soins lui furent plus durs à supporter que la maladie
elle-même. Que d'imprudentes témérités le désir de
donner l'exemple lui a fait commettre !... Il fallait
pour l'arrêter recourir à l'autorité de la Supérieure
générale, et alors, se sentant impuissante à ne plus
marcher pour tout à la tête de sa communauté, elle
tombait dans de vrais découragements : comment et
de quel droit exiger des autres ce qu'elle ne faisait
plus elle-même ?... Les pensées de foi la relevaient en
lui rappelant qu'étant par sa charge gardienne de la
Règle, elle en répondait à Dieu et à sa Congrégation ;
mais c'était une véritable souffrance.

Notre chère Supérieure puisait la force de son
gouvernement, non seulement en Dieu qui en est la
première source : *Omnis potestas a Deo*, et dans le
bon exemple qui est la condition essentielle de son
exercice ; mais encore dans une union aussi étroite
que possible avec la Révérende Mère générale. L'au-

torité de la fondatrice lui paraissait être la pierre an-
gulaire de la Congrégation, et son cœur, non moins
que sa raison et sa foi, la soumettait à une direction
pleine de sagesse et de fermeté. Elle aimait sa Supérieure et en était fière ; aussi leurs rapports furent-
ils toujours parfaits. C'était d'un côté la soumission la
plus filiale, le respect le plus tendre ; de l'autre, une
confiance absolue. « Il n'y a jamais eu un nuage
entre nous, » put dire la Mère générale le jour de la
mort de Mère Térèse. C'était un bel éloge, bien mé-
rité. La Supérieure de Bordeaux écrivait sans cesse
à Auteuil, rendant compte de tout, parlant même
de son âme lorsqu'elle avait besoin d'un secours
actuel et pressant : « Chercher à entrer dans toutes
les vues de Notre Mère pour gouverner ma maison,
écrit-elle dans une de ses résolutions de retraite, lui
rendre compte de toutes les difficultés, ne pas décider de moi-même quand j'ai le temps de consulter et
m'en rapporter à elle toujours. »

Dans une autre circonstance elle dit : « J'ai pu
causer avec Notre Mère hier matin, et j'ai été bien
contente de savoir sa manière de penser sur plusieurs
points : c'est une ligne de conduite indiquée, et qui
me sera très utile. »

Lorsqu'elle craignait d'abuser d'un temps précieux
qu'absorbait le gouvernement de la Congrégation,
elle s'adressait à l'Assistante générale qui était entre
elles deux un intermédiaire fidèle, connaissant leurs
dispositions, leurs désirs, et se faisant une joie de les
transmettre. « Je vous remercie, écrit Mère Térèse-
Emmanuel, de me tenir au courant de ce qui vous

concerne ; je puis vous dire que, d'autre part, je suis très au courant de ce que Notre Mère désire et attend de vous, et vous savez, ma chère petite Térèse, que j'ai une vraie union de cœur et d'âme avec vous. » Cette union ne cessa jamais d'exister ; on peut dire que, depuis leurs premières relations au noviciat, la Mère et la fille se comprirent parfaitement et que l'intimité de ces deux âmes n'a pas été un instant interrompue : — « Je sens que les années passent sur ma respectueuse tendresse sans l'altérer le moins du monde, et je vous retrouve toujours pour moi aussi mère et aussi bonne, » écrivait Mère Térèse vers la fin de sa vie. Puis elle ajoutait : « Vous serez toujours notre voie, chère Mère, et nous n'avons qu'à mettre les pieds où vous mettez les vôtres pour être assurées de ne pas nous tromper. » Aussi la consultait-elle pour tout : difficultés administratives, manière de prendre les âmes, joies et angoisses intérieures. La Mère Assistante répondait à tout brièvement, nettement, et toujours avec un accent de particulière tendresse.

C'est ainsi que Mère Térèse du Sacré-Cœur avançait dans la voie qui fait les Saints, appuyée sur Jésus-Christ et sur les Supérieurs qui le lui représentaient. Son action sur les sœurs de Bordeaux ne pouvait être que féconde, car sa seule ambition était de les attacher à Jésus-Christ, de leur faire aimer leur règle religieuse, et de les unir étroitement au centre de la Congrégation.

IX

ÉPREUVE.

Toute vie qui veut ressembler à celle du divin Maître doit être couronnée par la souffrance. *Que sait
celui qui n'a pas souffert?* dit la sainte Écriture, et
nous pouvons ajouter : Que sait-on de lui? On ne le
connaît pas. La souffrance seule donne la juste mesure d'une âme et nous montre jusqu'où elle peut
monter. Mère Térèse du Sacré-Cœur va nous être révélée dans cette dernière période de sa vie; la souffrance va la grandir, lui donner une nouvelle puissance pour le bien, une action plus forte sur les
âmes.

Ce fut au mois de février 1882 que la maladie dont
elle devait tant souffrir se déclara soudain. Sa pâleur,
son amaigrissement indiquaient cependant des ravages
intérieurs et la sollicitude maternelle de la Révérende
Mère générale s'en préoccupait. « De quelque cause
que vienne le changement que l'on remarque dans
votre santé, lui écrivait-elle, la toux, les traits tirés, le
manque d'appétit, il faut y remédier avant tout par
du repos. Si cet état continuait, vous *devriez* me le
dire, et je vous demanderais d'avoir une consultation. »

La consultation eut lieu, et on découvrit une pleu-
résie avec de graves complications. « De plus, disaient
les médecins, la maladie tombant sur un sujet usé par
le travail, on devait s'attendre à ce qu'elle fût plus
violente et plus tenace. » C'est-ce qui arriva : cette
atteinte mortelle, qui eut ses intermittences, dégénéra
ou empira, si l'on peut parler ainsi, et devint un état à
la fois aigu et chronique, contre lequel les soins et la
science devaient rester impuissants. Cela dura de 1882
à 1888, époque à laquelle s'acheva le martyre qui
commence aujourd'hui.

Mère Térèse, jeune encore, fut saisie dans la plé-
nitude de son activité, de sa vie et de son travail. Elle
dut s'enfermer dans l'isolement et le silence, choses
douces à l'âme religieuse, mais pénibles lorsqu'on a
la charge d'une maison. Ce qu'elle souffrit aux premiers jours est difficile à exprimer. Sa force morale
luttait contre son épuisement, et la fièvre qui la dé-
vorait semblait vaincre son énergie. Elle se tourmen-
tait d'être dans son lit chargée d'une communauté
nombreuse et d'un pensionnat important. La responsabilité de l'exemple l'inquiétait aussi : « Quelle peine
la chère Mère eut à accepter l'arrangement d'une
infirmerie un peu commode, nous dit la sœur assistante ! elle craignait de donner mauvais exemple :
des rideaux aux portes et aux fenêtres lui semblaient
un grand manque de pauvreté. » Il fallait se soumettre
cependant, obéir à l'infirmière et aux désirs de la Supérieure générale.

Nous devons à la vérité de dire que la volonté si
forte de Mère Térèse se fit jour bien des fois pendant

cette maladie; mais comme elle se reprochait ces sur-
prises de la nature! avec quelle touchante humilité
elle demandait pardon aux sœurs, et faisait écrire à
Mère Térèse-Emmanuel par son Assistante, devenue sa
secrétaire : « Je ne suis pas une bonne malade, je
suis difficile à soigner; toutes ces drogues me font
horreur. Que je suis confuse de me voir si imparfaite,
et cependant je ne veux rien refuser au bon Dieu. Je
ne me préoccupe pas de la maison, puisque je n'y
puis rien, mais je me préoccupe de souffrir comme il
faut, ce que je ne fais pas; je ne me reconnais plus
moi-même. J'ai eu de la peine parce qu'on m'a dit que
je n'acceptais pas bien les soins. »

La Mère la rassurait : « Mais non, vous n'êtes pas
une malade difficile et personne ne se plaint de vous.
On nous écrit au contraire que vous êtes prête à tout
ce que l'on veut. N'allez donc pas penser que vous
donnez de l'embarras et que vous ne souffrez pas bien.
Pourquoi vous priver de communier, croyant n'être
pas assez bien disposée? Vous ne pouvez pas fixer
votre esprit comme en santé. Un acte d'amour et la
souffrance suffisent pour vous préparer à cette visite
de Jésus. Laissez-le venir vous faire du bien et demeurer avec vous... Je pense que c'est le désir de reprendre le travail de votre maison qui fait que vous avez
de la peine à rester là; mais, chère petite Mère, Notre-
Seigneur vous veut douce et abandonnée à sa volonté
actuelle qui n'est point le travail. Rien ne vous regarde maintenant; vous n'avez qu'à vous reposer, vous
guérir et demeurer en paix. »

De son côté, la Révérende Mère générale écrivait

à la Supérieure de Bordeaux : « Laissez-vous faire, et comme l'enfant Jésus dans la crèche, ne vous occupez que de votre Père céleste qui veille sur vous et a grée vos langueurs. Je vous décharge de tout autre souci..... Il vous faut encore beaucoup de patience. Le mal qu'il a plu à Dieu de vous envoyer est de ceux qui sont lents à guérir et demandent beaucoup de soins. Votre état indique un long affaiblissement : il faut donc du temps pour vous en tirer. Ne vous tourmentez pas de ce que vous éprouvez, ni des plaintes que la douleur vous arrache; Dieu reçoit tout cela, et vous acquérez des mérites. Vos nombreux vésicatoires vous ont causé une angoisse nerveuse plus pénible par l'effet intérieur de la cantharide que par la douleur elle même. Ne vous en étonnez pas, vous n'êtes pas de bronze, ma chère petite Mère; mais dites-vous bien que c'est par l'humiliation de toutes ces misères que la maladie est sanctifiante. Abandonnez-vous entre les mains de Notre-Seigneur pour toutes les suites du mal, la faiblesse, le dégoût, tout ce que vous éprouverez. C'est une force que d'accepter d'être faible. Faites un acte d'amour et d'union à Notre-Seigneur qui a chancelé dans le jardin des Oliviers, et lui qui était le Tout-puissant, a cherché, sans en trouver, de la consolation près de ses Apôtres et a reçu d'un ange la force qui lui manquait...

« Ne faites pas de grandes oraisons, dites : Oui, mon Dieu, votre volonté en tout; et puis, continuez à vous laisser soigner. Ce sera nécessaire en convalescence autant qu'en maladie. Les maladies longues et fatigantes forment dans l'âme bien des vertus, si on se livre

à Dieu comme un petit enfant qui se laisse tourner et retourner par sa sainte volonté, avec confiance et amour. »

Une épreuve plus grande encore que la maladie vint
frapper notre chère Supérieure. Le rapport entre le
physique et le moral est si réel que l'affaiblissement
de l'un détermine la faiblesse de l'autre. Mère Térèse
du Sacré-Cœur l'éprouva. Son âme jusque-là si forte,
si avancée dans les voies de l'amour, se vit tout à coup
assiégée des idées les plus sombres : Dieu la fit passer
par la plus rude angoisse qu'une créature puisse
éprouver sur la terre. Exagérant ses moindres fautes,
elle se crut perdue pour l'éternité. « Hélas! disait
saint François de Sales qui avait connu cette épreuve,
que c'est un étrange tourment que celui-là! une âme
qui l'a supporté six semaines est bien capable de compatir à ceux qui en sont affligés. » — « Dans quelles
angoisses j'ai vu notre chère Mère, nous dit l'Assistante : « Mon Dieu! s'écriait-elle, ce n'est donc pas
assez de vous servir si peu généreusement sur la terre,
de ne pas vous aimer comme je le voudrais... mais
ne pas vous aimer dans l'éternité!... être pour jamais
séparée de vous!... mon Dieu! mon Dieu! ayez pitié
de moi!... » Elle me dictait des paroles déchirantes
pour Notre Mère ou Mère Térèse-Emmanuel, ajoutant
quelquefois une ligne plus secrète encore; puis elle
attendait avec anxiété des réponses qui tardaient à
venir, car nos Mères prenaient cela pour un effet de la
maladie. »

Cependant, à une lettre plus angoissée que les
autres, la Révérende Mère générale répondit : « Savez-

vous que c'est une marque de l'amour de Notre-Seigneur d'appeler une âme à passer par les voies les plus purifiantes qui sont celles de la désolation. Les plus grandes amies de notre divin Maître, sainte Catherine de Sienne, sainte Térèse, sainte Madeleine de Pazzi y ont passé. Ne craignez pas, ne vous dérobez pas; allez avec les saintes femmes sur le Calvaire : tout y était triste et sombre, et la foi même des Apôtres subissait une tentation terrible. On ne peut faire du bien qu'après avoir passé par l'épreuve; devenez-y humble, patiente, compatissante, surtout apprenez à être d'autant plus confiante que vous êtes plus délaissée, et à inspirer aux autres ce sentiment qui rend tant de gloire à l'infinie Bonté de Dieu. Dites et redites en vous-même que Dieu est bon, que vous attendez de lui tous les biens, qu'avec lui nulle prière, nul effort n'est perdu. Entrez enfin plus avant dans la vie de foi, de louange, de générosité, et vos désolations porteront plus de fruit que les lumières les plus douces. »

La souffrance, en effet, portait ses fruits. Non seulement elle achevait de purifier la chère Mère en lui voilant ses propres mérites et l'obligeant à se jeter, les yeux fermés, dans les bras de Dieu; mais sa maison tout entière semblait sous une action spéciale de la grâce. Il y avait autour d'elle comme un renouvellement de fidélité et de ferveur; les prières ne cessaient pas pour obtenir son prompt rétablissement et les élèves rivalisaient de zèle avec les religieuses. « Nos enfants sont depuis trois semaines d'une sagesse remarquable, écrit Mère Térèse; elles communient très souvent, font brûler des cierges, prient, font des pratiques de pénitence et m'écrivent des petites lettres pleines de cœur. » La Mère leur répondait et restait présente à tout, bien qu'éloignée de tout; la maison marchait comme si elle eût été en pleine santé, et par la prière et la souffrance la vénérée Supérieure rendait à sa famille religieuse ce qu'elle ne pouvait plus lui donner par le travail et l'action.

Deux mois s'étaient écoulés depuis le début de cette maladie, et, au lieu de progrès, on constatait chaque jour un état plus alarmant. Le dépérissement de la malade devenait effrayant. Mgr de la Bouillerie, qui venait souvent la voir, s'en retournait toujours le cœur brisé. Des traits charmants témoignent de la bonté du prélat pendant cette maladie; laissons Mère Térèse les raconter elle-même. « Une nuit, dit-elle, une sorte d'angoisse s'empara de mon âme : je crus voir Dieu comme un juge sévère, pesant mes fautes. J'étais terrifiée, et cette impression fut si vive que je la ressentais encore le lendemain quand Monseigneur vint me voir. Je lui en parlai : Pourquoi ne m'avoir pas fait appeler, mon enfant? — Mais, Monseigneur, c'était la nuit. — Oh! je serais venu quand même. »

« Un soir, je reçus une carte de lui. Je lui avais dit dans la journée que je ne dormais plus. Sur cette carte de sa main était écrit ce mot : Dormez et reposez-vous en Celui qui a dit, Reposez-vous en moi : *Requiescite in me.* — Je lui dis un jour que les *Ave Maria* de mon chapelet étaient bien fatigants à prononcer : il m'enseigna alors à dire sur chaque grain ces simples mots : Jésus! je souffre et je vous aime. C'est à la fois, me disait-il, un acte d'offrande et un acte d'amour. »

Au commencement d'avril, Mgr de La Bouillerie vint voir sa chère nièce une dernière fois; elle allait partir pour Auteuil. Le saint prélat resta long-temps auprès d'elle, comme s'il eût prévu que cette entrevue serait la dernière. Il était ému : tant de liens de famille les rapprochaient, et leurs âmes, animées d'un même zèle pour la gloire de Dieu, se compre-naient si bien! L'ayant bénie, il la quitta, ne se dou-tant guère qu'il la précéderait dans l'éternité.

La Supérieure générale, vivement préoccupée de l'état de santé de Mère Térèse, désirait l'avoir près d'elle à Auteuil, dans l'espoir que les médecins de Paris préciseraient la maladie et indiqueraient des moyens de guérison. « Chère Mère, lui écrivit-elle le 5 avril, ce beau temps me donne un vif désir de vous voir arriver et je viens vous en reparler. Je vou-drais que ce fût samedi; nos offices de la semaine sainte seront finis et nous serons toutes à vous. »

Cette lettre fixait le jour du départ. Les religieuses virent leur Mère s'éloigner avec tristesse; mais l'es-pérance de sa guérison les soutenait, et pour elle revoir Auteuil lui semblait un remède souverain. Il lui en coûtait cependant de quitter ses enfants et ses sœurs, et elle composa en partant ce petit quatrain, laissé sur une image en souvenir d'adieu :

> « Jésus! tu veux que j'abandonne
> Pour un temps mon petit troupeau;
> Garde-le moi, je te le donne,
> Sois pour lui joie et doux repos. »

Nous ne citons pas ces vers pour leur beauté, ni pour la richesse de la rime, mais seulement pour rappeler ce que disait souvent la Mère : « Une âme pleine d'amour est toujours pleine de chants. »

Le voyage se fit assez bien. Mère Térèse du Sacré-Cœur eut la joie de revoir Auteuil, « dont le nom seul, dit-elle, éveille tous les bons souvenirs, le noviciat, les vœux, tant de grâces reçues!... » Notre Mère attendait la chère malade qui lui dit tendrement en se jetant dans ses bras : « Ma mère, j'ai cru mourir, et vous n'étiez pas là! » Un mieux sensible s'opéra tout de suite; on s'en réjouissait à Bordeaux : « Votre bonne lettre m'a fait grand plaisir puisqu'elle m'apprend que votre santé est meilleure, écrit Mgr de La Bouillerie. En même temps que votre état s'améliore, le temps devient chaque jour plus chaud, votre beau parc d'Auteuil chaque jour plus charmant, les soins de vos sœurs de plus en plus tendres, et, avec la grâce de Dieu, qu'il faut toujours nommer la première, j'espère que votre convalescence fera aussi chaque jour de nouveaux progrès. Vous l'employez d'ailleurs on ne peut mieux, puisqu'elle est pour vous un moyen de sanctification. A Bordeaux, vous êtes obligée d'entrer dans les sollicitudes de Marthe; à Auteuil, vous pouvez mieux mener la vie de Marie aux pieds de Notre-Seigneur. N'oubliez cependant pas tellement Marthe que vous ne reveniez pas. »

Malheureusement, le mieux ne dura pas, la fièvre reparut, le poumon gauche s'embarrassa, l'organisme était profondément atteint. La malade comprit que sa convalescence serait longue et se demanda si elle guérirait jamais. « J'eus peur de l'avenir que j'entrevoyais, disait-elle plus tard : traîner une vie d'infirmerie, être inutile pendant des semaines, des mois, des années peut-être... je ne disais rien, mais je souffrais beaucoup. Notre Mère s'en aperçut, m'aida à porter ma croix et voulut que je me tinsse dans l'abandon ; ses visites étaient ma seule joie. Les lettres de Bordeaux m'émotionnaient toujours un peu. Notre Mère me dit de faire le sacrifice de Bordeaux ; je ne le fis pas tout de suite, je manquai de générosité, et Notre-Seigneur me le reprochait. J'aurais voulu pouvoir ; mais la première communion de Bordeaux me revenait toujours à l'esprit... ces enfants que je préparais avec tant de bonheur!... enfin, j'en fis le sacrifice et j'eus quelques jours de paix. La prière elle-même m'était difficile, tant l'âme sent le poids du corps ; je voulais absolument réagir, mais la tristesse prenait le dessus, ma volonté me semblait comme morte, je ne me reconnaissais plus. »

Les consultations de médecins se succédaient sans amener aucun résultat : « Ce ne sont pas les médecins qui me guériront, dit un jour Mère Térèse, c'est Notre-Dame de Lourdes. Ah! si je pouvais aller à Lourdes!... » et elle rappelait un rêve qu'elle avait eu à Bordeaux au plus fort de sa maladie, où elle avait senti une eau miraculeuse tomber sur ses membres et leur rendre la vie. Mère Térèse avait une tendre dévotion à la Sainte Vierge ; elle la priait sans cesse pendant sa maladie et buvait de l'eau de Lourdes avec une ferveur touchante. « Notre-Dame de Lourdes est mon grand refuge, disait-elle souvent; elle seule m'apaise, me console; et dans les moments de peines intérieures, je ne retrouve la joie qu'en l'invoquant. Oh! comme je comprends ce mot de saint Bernard : Nul ne l'a invoquée en vain. » Lourdes devint donc son unique pensée; le docteur consulté ne s'opposa pas au voyage : « Hâtez-vous seulement, dit-il, car, à moins d'un miracle, l'opération est devenue urgente, et on ne peut pas la retarder plus de 8 jours. »

La Mère partit : quel voyage!... son énergie seule l'empêcha de mourir. La foi la soutenait, mais elle étouffait, chaque mouvement amenait les plus vives souffrances. Il fallut faire le sacrifice de s'arrêter à Bordeaux : « Je le fis de bon cœur... Lourdes!... Lourdes!... j'allais à Lourdes!... » — Elle arriva épuisée, se hâta d'aller à la grotte où elle pria avec une indicible ardeur . « Je disais à la sainte Vierge que Notre Mère m'envoyait à elle pour être guérie, et que la Reine de toutes les miséricordes pouvait bien faire cela, non pas pour moi, mais pour Notre Mère qui la faisait tant aimer. Je priais de toute mon âme, et la sainte Vierge semblait ne pas répondre à l'espoir qu'elle avait mis dans mon cœur. Je sentis qu'il y avait trop de volonté dans mon désir de guérir, la sainte Vierge me fit comprendre qu'il fallait souffrir encore et souffrir beaucoup... »

A genoux, la tête appuyée sur le rocher d'où jaillit la source miraculeuse, la pauvre Mère était là touchant l'eau de ses mains, en imprégnant son front, son chapelet, ses vêtements de religieuse. Après quelques instants d'une prière profondément recueillie, elle se retourna vers la sœur qui l'accompagnait et lui dit : « La sainte Vierge veut que je souffre beaucoup encore, je ne guérirai pas maintenant. » Puis elle se retira brisée. Elle s'offrait à la souffrance, l'acceptait de la main de Dieu, mais son ardent désir de travailler pour sa gloire rendait la croix plus dure, et pas une lueur de consolation ne venait comme autrefois éclairer son âme; elle ne sentait que la douleur, l'anéantissement et la mort, sans en voir les merveilleux effets. Les témoins de son agonie pensaient involontairement à l'agonie du divin Maître. Lourdes qu'elle avait cru le Thabor était son Gethsémani; Marie, la douce Vierge de l'apparition, était l'ange qui lui présentait le calice. Il fallait le boire et dire comme Jésus : *Non mea voluntas, sed tua*. Le divin Sauveur daignait l'associer aux angoisses de son âme, comme il allait bientôt l'associer aux souffrances de sa croix et de son cœur ouvert par la lance.

Le lendemain, dimanche, la malade fut conduite à la basilique. Elle était si pâle, si défaite qu'on la prenait pour une mourante, et les pèlerins s'inclinaient respectueusement sur son passage. N'ayant pu entendre la messe à la crypte, il lui fallut monter le grand escalier. Elle en gravit les marches une à une, en partie sur ses genoux, ne pouvant se soutenir; on voulait la porter, elle refusa, voulant faire cet acte de foi. Cela dura longtemps. Dans la nef, elle étouffait, il fallut se retirer dans la chapelle du Sacré-Cœur. Le Sacré-Cœur... toujours son refuge, avec la sainte Vierge!... Elle put communier, et dit à la sœur qui l'accompagnait : « Je suis mieux »; mais à la grotte, les angoisses recommencèrent, sa Mère bien-aimée ne devait être vraiment pour elle que l'ange de l'agonie. C'est que la Reine des douleurs, *Virgo dolorosissima*, sait ce que vaut la souffrance, elle en a pénétré le mystère et voit au ciel toutes les blessures changées en gloire. La malade sembla l'avoir compris. En rentrant à l'hôtel, — l'Assomption n'avait pas encore de couvent à Lourdes — elle dit à ses compagnes de voyage : « Je ne suis pas guérie, nous n'avons pas de dépêche à envoyer à Auteuil ni à Bordeaux; mais disons quand même le Magnificat. *Amen! Alleluia!...* »

Le zèle des âmes ne l'abandonnait pas au milieu de ses souffrances. Ayant remarqué une jeune fille qui servait à l'hôtel, elle s'intéressa à son âme et gagna sa confiance. Il y avait là une vocation religieuse arrêtée par divers obstacles; Mère Térèse voulut aider la pauvre enfant, et lever les difficultés qui l'empêchaient de se donner à Dieu.

« Je partis donc sans être guérie, sans la moindre amélioration. Dans ma dernière visite à la grotte, j'avais demandé à la sainte Vierge de faire au moins connaître aux médecins la source du mal et les moyens à prendre. Je lui disais que je ne désirais vivre que pour servir Notre-Seigneur et réparer le temps perdu, et vraiment *c'était vrai*. Cette prière fut exaucée, le voyage de retour fut pénible, mais mon âme était calme; j'avais fait tout ce que je pouvais pour vivre, s'il plaisait maintenant à Dieu que je meure, j'étais très soumise à sa volonté. »

A Bordeaux, la Mère eut une grande émotion en revoyant deux sœurs du couvent qui étaient venues l'embrasser à la gare et qui lui parlèrent de la maison : la première communion devait avoir lieu le lendemain, et Mgr de La Bouillerie présidait la cérémonie. Il était dur de ne pas pouvoir s'arrêter un jour; mais les médecins de Paris demandaient qu'on se hâtât. La malade n'ayant pas été miraculeusement guérie, le voyage avait dû aggraver le mal, et l'opération était urgente. Il fut décidé qu'elle aurait lieu dès le lendemain du retour, le 16 juin, fête du Sacré-Cœur.

« C'était ma fête, dit Mère Térèse, je n'eus pas beaucoup d'appréhension de l'opération ; cependant le moment arrivé, lorsque je vis tous ces instruments, je n'étais pas bien brave. Il était 3 heures du soir, la procession du Saint-Sacrement passait sous ma fenêtre, j'entendais les chants qui allaient si bien à mon âme, le reposoir était presque au-dessous de l'infirmerie, Notre Mère, *si mère*, me tenait dans ses bras. Je pus dire : Mon Dieu, je vous l'offre! »

De peur de l'asphyxie, on ne l'avait pas endormie, la patiente était présente à tout, aux chants du dehors comme à ce qui se passait dans l'infirmerie, et soutenue dans les bras de sa mère, elle était touchante d'abandon, exprimant sa reconnaissance avec une grâce qui avait un charme tout particulier dans un tel moment. On l'avait installée sur un lit placé au milieu de la chambre appelée du nom si doux de Notre-Dame de Consolation. Un soleil radieux éclairait la nature, le jour entrait à flots dans l'infirmerie. D'une main très sûre, le docteur Peyrot fit au côté de Mère Térèse une ouverture de plusieurs centimètres, et profonde en proportion.

Ce côté gauche ouvert, cette plaie vive lui rappelait le Sauveur sur la Croix. La parole de son anneau d'alliance avec Jésus-Christ se trouvait réalisée : *Pone me ut signaculum super cor tuum*. Elle était vraiment *Térèse du Sacré-Cœur*, de ce Cœur ouvert par la lance et cette union de souffrances avec le divin Maître allait devenir pour elle une source de sanctification et un principe d'action surnaturelle sur les âmes.

L'opération avait paru réussir; mais elle n'en laissa pas moins la Mère infirme pour toute sa vie. N'était-ce pas une infirmité à son âge que cette blessure toujours ouverte, l'assujettissant à des soins douloureux et continuels? car il avait été nécessaire d'établir un épanchement régulier qui demandait de nombreux pansements. Pendant quinze jours elle dut rester presque immobile, et quatre longs pansements par jour l'épuisaient à tel point qu'elle défaillait sans cesse : « Je ne pouvais ni penser, ni prier, disait-elle, et j'avais tant besoin de Dieu! »

L'isolement de l'infirmerie pesait à une nature aussi active que la sienne. Elle acquérait de grandes vertus, mais sans les voir, — ce qui est plus sûr — et se reprochait les moindres imperfections, le plus léger mouvement d'impatience. Sans cesse, elle demandait pardon aux sœurs qui l'entouraient. « Voilà ma nature d'autrefois revenue, mes longs efforts pour acquérir la douceur et la patience ne m'ont servi de rien, » disait-elle tristement. C'était une erreur, une malade n'est pas responsable de cette sorte d'agitation causée par la souffrance : c'est l'humiliation jointe à la douleur, deux sources d'expiation et de mérite.

Soucieuse à l'excès de ce qui se passait dans sa maison de Bordeaux, la Supérieure absente s'en préoccupait vivement. Les lettres qu'elle recevait étaient consolantes, mais on ne lui disait rien d'intime. « De temps en temps, je demandais à Notre Mère si cela marchait bien; elle me répondait qu'elle était contente, de ne pas m'inquiéter, mais je m'inquiétais beaucoup. Je n'étais plus moi-même; triste et languissante, rien ne m'intéressait : les seules visites de Notre Mère si bonne, si sainte, étaient un rayon de soleil dans ma journée. » L'âme semblait plus malade que le corps, elle était angoissée : « Je voyais toutes choses à travers un voile, et Notre-Seigneur ne m'éclairait plus : la vie m'était à dégoût. »

Le Rév. Père C. suivait de loin cette âme que Dieu lui avait confiée et qui traversait une heure d'épreuve. Il la soutenait par ses lettres : « Sur la Croix!... ma bien chère fille. Il fait bon là puisque Notre-Seigneur vous y place.... Votre souvenir me suit au saint autel, vous êtes vous aussi sur un autel, celui de la souffrance. Le plus sage est de dire toujours au Maître : *Non mea voluntas, sed tua fiat.* Nous cherchons quelquefois bien loin le secret de la perfection, le voilà; il est là sous notre main à chaque instant. Toujours *fiat*, n'est-ce pas? Comme ce mot a une puissance ascensionnelle!... Il vient du Ciel et attire toujours vers le lieu de son origine..... *Ni la santé, ni la souffrance, ni la consolation, ni la tristesse ne pourront me séparer de Jésus-Christ.* Saint Paul a écrit pour vous, ma bonne Mère. »

Dans une autre lettre, répondant aux inquiétudes de conscience de la malade, le Révérend Père lui disait : « Ne soyez pas trop surprise si vous ne vous trouvez pas toujours cette vigueur d'allures que vous aviez autrefois envers Notre-Seigneur. Votre état y est pour beaucoup. Encore une fois, ne craignez pas de devenir molle; la souffrance est une épreuve, et l'épreuve n'amollit pas. » Puis, lui donnant des nouvelles de sa chère maison de Bordeaux : « J'ai été faire une visite à votre communauté. La bonne Mère est là bien vivante, bien présente quoique éloignée. Dieu a ses desseins, et il n'est point nécessaire qu'il nous les révèle; mais à coup sûr si votre maison marche si bien, la cause en est dans la plaie de votre côté. La vie surnaturelle pour vous et pour vos filles coule de là. La vie de l'Église est descendue du côté ouvert de Notre-Seigneur : ayez donc une dévotion spéciale à cette plaie du Maître. »

Au milieu de ces secours que Dieu lui envoyait, Mère Térèse du Sacré-Cœur s'étonnait du silence de Mgr de La Bouillerie. Il ne lui écrivait plus, les sœurs de Bordeaux ne parlaient plus de lui; il n'était pas venu la voir à Auteuil, et cependant une réunion de famille avait dû l'amener à Paris à la fin de juin. D'où pouvait venir ce silence?... Hélas! Monseigneur était mort à Bordeaux, le 8 juillet, d'une mort presque subite, et la Supérieure générale, voyant Mère Térèse encore si faible, avait recommandé qu'on ne lui dît rien. On se taisait donc lorsqu'elle en parlait, ou on détournait la conversation.

Les sœurs de Bordeaux demandaient au regretté prélat d'annoncer lui-même à sa nièce son départ de ce monde : leurs prières furent exaucées. Une nuit, Mère Térèse vit en songe Monseigneur venir à elle pâle et défait. Il s'assit près de son lit et lui dit très lentement : Je suis bien souffrant. La Mère lui répondit qu'elle pensait retourner bientôt à Bordeaux et qu'elle espérait bien ne pas le trouver malade à son retour. — Vous y retournerez, je le désire beaucoup, mais moi!... je n'y serai plus. Mère Térèse se réveilla en larmes; elle n'attachait aucune importance aux rêves, mais celui-ci l'ayant impressionnée, elle le raconta à son infirmière qui ne lui répondit rien.

Dans l'après-midi, Notre Mère vint la voir. Sa figure était grave : — « Êtes-vous bien soumise à toutes les volontés de Dieu, dit-elle à la malade? — Oui, ma mère, je crois l'être entièrement. — Eh bien, mon enfant, Dieu vous envoie une grande épreuve! — Ah! je comprends!... Monseigneur est bien malade. — Il est au ciel!... » L'émotion fut profonde, et Mère Térèse disait que depuis la mort de son père, elle n'avait point éprouvé une pareille douleur. Elle pleura beaucoup, baisant son crucifix et adorant la volonté de Dieu.

Nous ne suivrons pas la pauvre Mère dans les cruelles alternatives de sa maladie. Par moments, se croyant mieux, elle se reprenait à la vie; puis une rechute arrivait et le danger devenait imminent. A la fin de novembre 1882, elle faillit mourir et se préparait déjà à recevoir l'extrême-onction. Une neuvaine à la sainte Vierge la sauva ; on la faisait à Bordeaux pour la fête de l'Immaculée-Conception : « Je m'y unissais, dit-elle, demandant à la sainte Vierge, si je ne guérissais pas, la grâce d'une sainte mort. Depuis, j'ai toujours été de mieux en mieux. Gloire à Marie Immaculée ! »

Il serait impossible de dire ce qu'était devenue la maison de Bordeaux depuis la maladie de Mère Térèse : c'était comme un foyer de prière. Que de messes dites à son intention, de communions, d'actes de vertu offerts pour elle ! Jamais communauté ne fut plus édifiante, plus unie. La Mère absente régnait encore, stimulant les âmes, animant les courages. Au pensionnat, les élèves, même les plus jeunes, rivalisant de zèle avec leurs maîtresses, répandaient des aumônes, s'imposaient des sacrifices, promettaient d'être sages et faisaient de réels efforts pour tenir leurs promesses. Les parents ressentaient jusque dans l'intimité du foyer la très douce influence de Mère Térèse. Aussi, avec quel empressement demandait-on chaque jour si les lettres reçues de la Maison-Mère constataient une amélioration, parlaient de guérison et de retour !

Le 15 janvier 1883, on écrivit d'Auteuil que la Mère si aimée avait pu paraître à la salle de communauté pour la fête de la Supérieure générale. Sa présence avait doublé la joie de ce jour ; on la croyait ressuscitée, et cette joie fut vivement ressentie à Bordeaux. Depuis lors, le mieux s'accentua, mais très lentement ; Mère Térèse put reprendre peu à peu la vie commune, descendre à la chapelle pour communier et venir quelquefois aux récréations des sœurs.

Le printemps succéda à un assez rude hiver, et, après des alternatives de mieux et de moins bien, la Supérieure de Bordeaux put enfin entrevoir le moment où elle rentrerait dans sa chère maison.

« Pendant le mois de Marie, écrit-elle, la paix se fit peu à peu dans mon âme, je pus prier, la confiance revint et chassa ce sentiment de crainte qui m'obsédait. Je me mis dans les bras de la sainte Vierge comme une enfant blessée qui vient se guérir près de sa mère, et elle fut vraiment mère pour moi, la très sainte Vierge!... Oh! comme je l'aime! Comme je veux la faire aimer! Son mois béni s'écoula dans le calme et dans un repos d'esprit que je n'avais pas connu depuis longtemps. »

Mais voici l'heureuse nouvelle. Le dernier jour du mois de Marie, une dépêche de la Révérende Mère générale alors à Bordeaux y rappelait Mère Térèse du Sacré-Cœur. Celle-ci reçut la lettre sans émotion, la maladie l'avait bien détachée de tout, et cependant elle était heureuse de revoir ses enfants et ses sœurs qui lui avaient témoigné tant d'affection, et de les remercier en essayant de leur faire encore un peu de bien.

Une maternelle et filiale réception l'attendait à Bordeaux, la joie était dans tous les cœurs. Lorsque la voiture traversa le jardin, les élèves auraient voulu pouvoir la dételer et porter triomphalement leur Mère. On la conduisit à la chapelle où un Magnificat d'action de grâces fut chanté avec un accent qui allait à l'âme. Quelques jours après, c'était la fête de Mère Térèse; c'était plus encore celle de ses filles et la fête du pensionnat. Moins réservées dans leurs témoignages d'affection, les enfants toujours expansives et un peu bruyantes ne pouvaient dissimuler leur joie. Rien de plus charmant que cette fête, ce joyeux élan vers un être si frappé, mais si pur; plus près de Dieu que jamais, plus doux, plus humble, consacré par la souffrance.

Jour par jour, les forces semblaient revenir; la joie reprit au couvent, les études reçurent une nouvelle impulsion. C'était un des dons de Mère Térèse de tout animer d'un souffle de vie Elle s'intéressait à tout; et voulut, à la fin de l'année scolaire, présider elle-même tous les examens.

Pendant les vacances, la Mère dut retourner à Auteuil pour les soins que réclamait son état. Au mois de septembre, elle suivit la retraite de la communauté. C'était le moment de faire un retour sur cette année d'épreuve : comment l'a-t-elle portée?... a-t-elle suffisamment profité de cette grande grâce qui s'appelle la souffrance?... Mère Térèse ne se flatte pas, elle se juge dans la vérité. Déjà à Bordeaux, elle avait dit très humblement aux sœurs : « Je n'ai pas su être malade, j'aurais besoin de faire une seconde maladie pour réparer celle-ci; je me suis montrée volontaire, j'ai eu trop de désirs. » Puis elle avait écrit pour elle toute seule quelques notes fort touchantes :

« Je voudrais écrire l'histoire de mon âme pendant ma maladie, parce qu'il me sera bon de revenir sur cette époque de ma vie où j'ai un peu participé aux souffrances de Notre-Seigneur au jardin des Oliviers. Je désire rappeler mes fautes, mes défaillances, mes lâchetés, mes souffrances morales qui m'ont souvent fait penser aux flots de la mer lorsqu'elle monte, monte toujours. J'aurais dû m'en servir pour aller à Notre-Seigneur, pour avancer dans l'humilité, la douceur; mes chutes ont été nombreuses, mes découragements bien fréquents!... Si souvent j'ai reculé devant la souffrance, j'ai détourné la tête lorsqu'elle se présentait à moi trop amère, et j'ai laissé la tristesse s'emparer de mon âme!

« Je désire aussi noter les grâces que j'ai reçues, parce qu'elles ont été abondantes et que ce souvenir m'excitera à la confiance envers Celui qui vient au secours de ceux qui l'invoquent dans la tribulation. Je pourrais résumer tout ce qui s'est passé en moi pendant ces dix-huit mois par ces quelques mots : souffrance, crainte, angoisse, lutte, découragement, lâcheté... ce dernier mot me coûte à écrire, il m'humilie, et cependant c'est être lâche que de frémir devant le sacrifice, de ne pas y reconnaître toujours Dieu bon, Dieu père, qui envoie l'épreuve pour nous purifier. »

Le 6 août, de l'infirmerie d'Auteuil, au commencement de la grande retraite, elle écrivait encore : « Voilà deux ans que je n'ai pas fait de retraite. Depuis la dernière, j'ai vu la mort de très près, aujourd'hui encore, je ne me sens que lentement revenir à la vie. Cette retraite est donc doublement importante pour moi; je veux la bien faire malgré la fatigue physique que j'éprouve, je veux y apporter toute ma bonne volonté pour y trouver la grâce de choix que Dieu me réserve.

« *Vigilate*. Il faut que je veille, que je rencontre Dieu avec sa grâce et que je le suive de plus près. Cette année a été pour moi une année lumineuse, douloureuse aussi, Notre-Seigneur a bien voulu m'associer un peu à son agonie. Il faut que cette lumière ne soit pas ensevelie dans l'oubli; m'en servir pour éclairer, illuminer ma retraite. Ne pas craindre de revenir sur mes fautes; il y en a eu beaucoup, mais la souffrance les a un peu expiées. Avoir une immense confiance, et aller droit à Dieu pour voir, pour entendre, pour goûter la vérité. »

La vérité se fit entendre à Mère Térèse par la voix de Notre-Seigneur parlant à son âme et par celle de ses Supérieurés. Elle raconte avec une humilité touchante une conversation qu'elle eut avec la Révérende Mère générale, au troisième jour de la retraite.

« J'ai vu Notre Mère ce matin; elle trouve que je me suis quelquefois montrée inégale, inquiète et pas assez abandonnée pendant ma maladie. Cela est vrai, *très vrai*. Qu'on est heureux en religion d'être avertie de ses fautes si charitablement, si maternellement : Cela m'a fait du bien; mon amour-propre a souffert, mais dans la partie supérieure de mon âme, j'étais très contente. C'est voir clair que de voir la place qui nous convient. Ma vraie place à moi, c'est d'être par terre : plus j'entrerai dans ces sentiments, plus j'entrerai dans la vérité. »

Le lendemain, Notre Mère revient la voir : « Je lui ai dit que j'avais beaucoup de peine d'être si mauvaise;

elle m'a répondu que je marchais loyalement avec Notre-Seigneur; mais qu'il était bon pour moi de voir mes misères, Dieu aime les âmes qui s'humilient. Puis elle m'a cité ce mot de sainte Térèse : Le Seigneur permet souvent que nous tombions afin que l'âme devienne plus humble, et lorsque nous nous relevons avec des intentions droites et la conviction de notre faiblesse, nous tirons de notre chute de nouvelles forces pour avancer dans les voies de Dieu. Ces paroles m'ont beaucoup consolée. Tout ce que dit Notre Mère est tellement empreint de l'esprit de Dieu! il est impossible de ne pas penser comme elle. Oh! comme je vais tâcher de me tenir joyeusement humble pendant tout le temps que je reste ici, pour faire provision — *ample provision* — de petitesse, de douceur, de bonté lorsque je reprendrai le lourd fardeau de ma charge. »

Mère Térèse tint parole : un nouvel élan sembla donné à son âme, elle ne respirait plus que l'amour de Jésus-Christ, et plus que jamais un souffle de vie surnaturelle fut imprimé à la maison de Bordeaux au moment de son retour. Elle-même arrivait si humble, si donnée! Pendant sa retraite écrivant à la sœur Assistante qui l'avait remplacée avec tant de dévoûment pendant sa maladie, elle lui disait : « Je voudrais pouvoir me mettre à genoux, à vos pieds, pour vous demander pardon de la peine que j'ai pu vous faire. A la lumière de Dieu, on voit tout autrement les choses. » A son retour à Bordeaux, elle la suppliait de l'avertir lorsqu'elle se montrerait trop entière dans ses volontés ou taquinerait les sœurs, car la chère Mère aimait à plaisanter et craignait parfois d'aller trop loin. « Avec quel soin, dit l'Assistante, je la voyais tenir compte des moindres petites choses que je me permettais de lui dire pour lui obéir et lui faire plaisir. Il me semble que cela va mieux maintenant sous tel rapport, me disait-elle au bout d'un certain temps. »

Bossuet a écrit qu'une âme supérieure est maîtresse du corps qu'elle anime. Cela est vrai de Mère Térèse. Son corps ne cesse de languir, de se consumer dans la souffrance, mais l'âme est là toujours vaillante. Elle ne s'inquiétait nullement des résistances de son pauvre compagnon, elle le poussait devant elle, le traînait, l'excitait à vivre. Cependant, il était évident aux yeux de tous que l'harmonie entre la volonté et les forces était rompue, le corps et l'âme ne pouvaient plus s'entendre. Ce désaccord irrémédiable aggravait les souffrances de la Mère. Elle eût voulu reprendre la vie commune, marcher à la tête de sa communauté, et comme toujours, donner l'exemple; mais l'infirmière était là, chargée de toutes les recommandations de la Supérieure générale et représentant son autorité : « Obéissez-vous bien à l'infirmière? demandait sans cesse le Père C.; soyez donc convaincue que tout ce qui assujettit et brise la volonté n'amollit pas. » Toujours même réponse à la même inquiétude. Ce que Mère Térèse redoutait le plus, c'était de tomber dans la mollesse. « Si cette conséquence se présentait, dit le Père, je vous préviendrais, mais nous n'en sommes pas là, croyez-le bien. »

On en était loin en effet. Durant une période de six années, de 1882 à 1888, on peut dire que la vie de notre chère Supérieure fut un long martyre. Qui ne se souvient de ce pauvre corps frêle, exténué, qu'elle ménageait si peu! Cette plaie toujours ouverte était pour elle une source continuelle d'humiliations et de souffrances. Chaque matin, il lui fallait recevoir les soins de l'infirmière pour un pansement qui durait parfois plus d'une heure et renouvelait toutes les douleurs de l'opération. Inutile d'essayer de se mettre en retard pour la laisser reposer un peu plus longtemps; c'était elle alors qui tout doucement allait réveiller la sœur, la pressant affectueusement de venir à son aide. Le soir, même pansement; sa vie s'écoulait entre ces deux supplices : vie du reste toujours active et jamais ralentie, d'une sérénité presque constante et d'une régularité qu'on eût pu à certains moments qualifier d'héroïque.

Mère Térèse était naturellement gaie. Elle disait que la gaieté témoigne du bon état de l'âme et de l'esprit. On la trouvait parfois dans son lit le matin chantant de joyeux cantiques. Les souffrances ne lui étaient plus rien depuis qu'elle pouvait travailler pour Jésus-Christ, et servir les âmes. Au pensionnat, elle s'intéressait à tout et prenait part à toutes les fêtes. Le jour des saints Innocents, c'était elle qui aidait la maîtresse de classe des petites à tout organiser, lui procurant des jouets, des images, des bonbons pour l'arbre de Noël. Les enfants de la grande classe, comme les plus jeunes élèves, tout le monde était encouragé. « La vie que Mère Térèse mettait au pensionnat demanderait un chapitre à part, disent les notes ; on ne dira jamais assez tout ce qu'elle apportait de gaieté et d'entrain dans la maison. »

La joie et la souffrance, fondues dans une âme, la soulèvent à une grande hauteur et lui donnent pour la prière une puissance et une facilité qu'elle n'avait pas connue jusque-là. La grande retraite de décembre 1884 fut marquée de ce cachet. Mère Térèse du Sacré-Cœur la fit seule, à genoux pendant chaque heure d'oraison, exclusivement appliquée à regarder Jésus-Christ, à méditer sa vie, ses enseignements et à suivre pas à pas ses traces divines. Le soir, elle relisait un chapitre de la règle, faisant une sorte d'examen de conscience et appliquant l'Évangile à sa vie religieuse et à l'esprit propre de sa Congrégation. Après ces huit jours de méditations évangéliques et d'union très intime avec Notre-Seigneur, elle revint au milieu de ses sœurs pleine d'un nouveau zèle pour l'observance religieuse et l'avancement de leurs âmes.

Plus attachée que jamais à l'obéissance, elle avait écrit à la Révérende Mère générale pour lui rendre compte de sa retraite : « Combien la lettre qui me parle de votre âme m'a fait plaisir ! lui répond celle-ci. Elle est toute bonne, cette lettre, toute généreuse pour le bon Dieu, la sainte Vierge et aussi pour moi. Elle a un accent qui me dit que vous êtes plus près de Notre-Seigneur et que ce que je vous souhaitais vous a été donné. Dieu soit donc béni ! et puissé-je en vous disant mon impression vous donner aussi une joie.

Je crois que vous avez fait une excellente retraite et que vous allez marcher dans une union plus étroite avec Notre-Seigneur après cette étude si profonde de sa vie divine sur la terre. »

« Quelle consolation que cette retraite remplie de grâces, de lumières et qui sera féconde en fruits de vertu ! écrivait Mère Térèse-Emmanuel. » Puis de son côté, faisant allusion à la maladie grave qu'elle aussi venait de traverser, la Révérende Mère ajoutait : « Notre-Seigneur nous a laissé la vie à toutes les deux afin que nous réparions le passé et que nous travaillions avec la pensée qu'il y a encore beaucoup à faire et que nous avons peu de temps pour le faire. Sacrifions généreusement tout ce qui est de la terre et de nous-mêmes, n'ayant la vie présente rendue que comme une grâce, et uniquement pour faire ce qui n'est pas fait. » Une observation toute maternelle termine cette lettre : « Savez-vous que cela me paraît beaucoup pour vous de n'avoir que votre paillasse pendant l'hiver ; je crains que cela ne soit trop froid. Quant aux bouillons dans la journée, je suis comme vous dans l'abjection de tous ces soins et dans l'expérience de la grande charité des sœurs. »

Au mois de janvier 1885, une maladie de cœur vint s'ajouter aux souffrances de Mère Térèse. Son zèle ne se ralentit pas, et son amour pour Dieu prit de cette nouvelle crise une ardeur plus grande. Nous pouvons dire en toute vérité que pour elle chaque douleur semblait payée par un nouveau degré d'amour : c'était visible, son âme montait et attirait plus puissamment les autres âmes; des vocations religieuses lui étaient comme envoyées du ciel, et très simplement, elle avouait que chacune de ses postulantes lui coûtait très cher. Mais comme elle se donnait volontiers pour gagner des âmes à Jésus-Christ, et avec quel amour elle suivait jusqu'au Calvaire l'Époux divin! Écoutons cette page d'un accent tout nouveau :

« Sainte Véronique emportée par son zèle s'avance et brave les bourreaux pour soulager le Sauveur sur la route du Calvaire; elle essuie de son voile le visage adorable du Seigneur. Son amour a triomphé de toute crainte, mais quelle récompense! Les traits divins de Jésus se peignent sur le voile et s'y tracent avec sa sueur et son sang. Vous me demandez aujourd'hui, mon Sauveur, de reproduire vos traits dans mon âme. Cette image ne saurait s'y former qu'avec de la sueur et du sang : sueur du travail, de la lutte, du combat; sang des souffrances, des peines, des amertumes et des douleurs. J'adhère à tous vos desseins sur moi, je m'unis à vous de toutes les forces de mon être. Dans trois jours, fête de tous les saints. Puisse un jour cette fête devenir la mienne! La sainteté est nécessaire à toute âme, à une Supérieure plus qu'à tout autre. Mon Dieu! la sainteté, c'est la parfaite adhérence à toutes vos volontés, c'est là toute mon ambition. Faites-moi la grâce d'être un *fiat* continuel à tout ce que votre volonté m'envoie : peines, souffrance, délaissement intérieur, je veux tout, Seigneur, je suis à vous. Gravez dans mon âme votre image avec de la sueur et du sang. »

Depuis que Mère Térèse avait connu la souffrance, elle était devenue bien plus maternelle ; elle savait fortifier et consoler. Comme aucune épreuve ne devait lui être épargnée, elle eut la douleur de perdre plusieurs de ses filles et fut admirable dans les soins qu'elle leur prodigua. Quatre fois, nous nous sommes rencontré avec elle au chevet de ces chères mourantes et nous avons pu admirer sa sollicitude empressée de jour et de nuit, sa tendresse ingénieuse à adoucir les derniers moments et à remplacer la famille absente, ses caresses de mère, — de vraie mère, — et plus que cela ses paroles surnaturelles qui consolaient l'agonie de ses sœurs et semblaient leur ouvrir le ciel. Après leur dernier soupir, nous avons vu son deuil, ses regrets et ses larmes, le culte plein d'émotion dont elle entourait leurs saintes dépouilles : aussi, se sont-elles endormies en paix dans ses bras.

Deux surtout ont laissé une impression de grâce que le temps n'a pas effacée. C'étaient deux sœurs converses, bien simples, mais très unies à Dieu. Sœur Marie-Félix sembla voir la sainte Vierge venir à elle au moment de sa mort. « Je l'ai reconnue, dit-elle, c'était bien la sainte Vierge. Je l'avais déjà vue au moment de ma première communion, et lorsque j'ai dû me faire religieuse, c'est elle qui m'a dit d'entrer à l'Assomption. Maintenant, elle vient me chercher pour me conduire au ciel. » La vie de cette humble sœur avait été très laborieuse, sa mort fut extrêmement douce. Mère Térèse a écrit cette vie et cette mort, dans une courte notice.

Une autre sœur converse, qui avait succédé à sœur

Marie-Félix dans l'emploi de la cuisine, ne tarda pas non plus à la suivre au ciel : c'était sœur Marie-Anna, de douce et sainte mémoire. Quelqu'un lui parlant pendant sa maladie des fatigues de son emploi et de la peine qu'elle se donnait pour les sœurs : « Ce n'est pas cela que l'on regrette au moment où je suis parvenue, » répondit-elle. « J'aime tant mes sœurs!... » était la parole qui revenait sans cesse sur ses lèvres. Elle avait pris pour devise dans son anneau : *Fiducialiter agam et non timebo*. J'agirai avec confiance et je ne craindrai pas. « J'ai cherché à faire cela depuis ma profession, dit-elle à sa Supérieure ; depuis j'ai commis bien des fautes, mais j'ai toujours cherché à être unie à Notre-Seigneur, j'ai toujours eu confiance en lui, c'est ce qui me rassure. » — « Chaque fois que je la voyais en particulier, écrit la Mère, elle m'apportait une petite feuille toute noircie par le charbon de la cuisine, où elle marquait toutes ses imperfections, tous ses sacrifices, et j'admirais comment, au milieu de tant travail et de soucis, elle trouvait moyen de se rendre si bien compte de sa vie intérieure. C'est qu'elle avait beaucoup de vie intérieure, cette sœur si modeste ; elle priait sans cesse en travaillant, demandant à Dieu de lui envoyer des souffrances afin qu'elle pût lui témoigner son amour. Prions pour elle, ajoutait la Supérieure ; mais aussi prions-la de nous laisser en héritage quelques-unes de ses douces vertus et de nous obtenir une mort sainte. »

Ce souhait allait se réaliser pour celle qui écrivait ces lignes. Par le spectacle de ces morts bénies, Dieu semblait vouloir préparer la sienne. Nous entrons dans l'année 1888 qui doit être la dernière pour Mère Térèse du Sacré-Cœur. C'est le couronnement d'une belle et sainte vie.

X

DERNIÈRE ANNÉE — SAINTE MORT

L'année 1888 a laissé à l'Assomption de graves souvenirs : la douleur s'y est mêlée à la joie, comme il arrive si souvent dans la vie humaine.

Au commencement de cette année qui devait être la dernière pour les deux Mères Térèse, si chères à leur famille religieuse, l'Assistante Générale, déjà bien malade à Cannes, écrivait à la Supérieure de Bordeaux : « Il est loin le temps où nous étions ensemble à Auteuil animées des mêmes pensées, des mêmes désirs, et nous proposant de tant travailler à la gloire de Dieu et de la Congrégation! Ce Seigneur et Maître prend sa gloire comme il veut et selon sa sagesse; pour moi, ce n'est plus de mon travail, c'est de ma souffrance qu'il la tire, mais c'est un beau rôle, c'est soi qu'on donne après ses œuvres; seulement, priez pour que je le fasse bien et que je me laisse détruire, comme disait Mgr de Ségur, jusqu'*à la démolition*. On est heureux de pouvoir offrir cela pour la Congrégation après y avoir donné son pauvre travail.

« Je vous souhaite une bonne et sainte année, chère Mère, vous savez l'intérêt que je prends à la prospérité de votre maison, au bon esprit des sœurs, et par-dessus tout à votre progrès personnel dans la sainteté. Ne me remerciez pas de l'affection que j'ai pour votre âme, elle ne cessera jamais, et c'est une joie pour moi de marcher vers le ciel dans cette union avec vous. Ce qui est commencé en Notre-Seigneur continue et grandit dans son amour. »

Cette lettre si belle allait droit au cœur de Mère Térèse. En lui montrant le ciel qui était proche, elle lui faisait comprendre que pour elle aussi ce n'était plus par le travail, mais par la souffrance qu'elle pourrait désormais servir Dieu et sa Congrégation. Il faut des victimes pour les familles religieuses comme pour les peuples.

C'était une heure solennelle pour l'Assomption. La Révérende Mère générale était à Rome déposant aux pieds de Sa Sainteté Léon XIII les Règles de l'Institut. Conformément aux usages de l'Église, ces constitutions étaient, pour la troisième fois, présentées au Saint-Siège qui les avait déjà approuvées deux fois à titre d'essai. On demandait aujourd'hui une approbation définitive.

Nous lisons dans le journal de la maison de Bordeaux, à la date du 9 février 1888 : « Les prières commencent dans toute la Congrégation pour le voyage de Notre Mère générale à Rome. Mère Térèse s'intéresse vivement à tout ce qui se passe au sujet de l'approbation de nos Règles que nous sollicitons, et voyant que la question de l'*office* rencontre de l'opposition, malgré la faiblesse de sa santé, la chère Mère a essayé de dire au chœur toutes les heures de l'office, bien qu'elle en ait été dispensée depuis sa maladie de 1882. » En son particulier, elle n'y manqua jamais; mais elle tenait à donner à ce moment là une preuve de son zèle pour ce point de la règle qui lui avait toujours été si cher.

Rome hésitait à ajouter pour les sœurs les fatigues de l'office à celles de l'enseignement; mais toute vie religieuse est une immolation, et la grande prière liturgique jointe au travail de la formation chrétienne des âmes était précisément l'idée fondamentale de l'Assomption. Pour donner à des jeunes filles destinées à devenir des femmes chrétiennes dans le monde, le véritable esprit de l'Église, il faut le puiser à sa source, dans l'office divin qui nous donne les dévotions de l'Église et nous fait vivre de sa vie.

Cette pensée fut comprise à Rome, et le cardinal Parocchi, devenu cardinal protecteur de la Congrégation, dit à la Supérieure générale cette parole consolante : « J'aime votre Institut parce que vous avez la piété de l'Église, c'est ce qui vous fera vivre. » On laissa donc aux religieuses leur cher office, et le 11 avril, des télégrammes envoyés de Rome à toutes les maisons de l'Assomption annonçaient l'approbation définitive des Règles et de l'Institut.

Mère Térèse-Emmanuel qui avait tant travaillé pour l'Assomption, qui par son dévouement, son union admirable à la Supérieure générale, avait vraiment fondé avec elle la Congrégation, recevait sur son lit de mort cette consolation suprême. On la vit presser sur son cœur le décret venu de Rome, baiser la signature du Pape et les sceaux du Vatican. Elle pouvait maintenant quitter la terre et chanter son *Nunc dimittis;* l'œuvre de sa vie était achevée : Jésus-Christ, par la main de son Vicaire, venait d'y apposer le sceau divin.

La joie de nos Mères fut vivement ressentie par la Supérieure de Bordeaux, qui, elle aussi, baisa avec transport son livre des Constitutions, et le serrant sur son cœur s'écria : « Maintenant, il s'agit de les observer. » Toute joyeuse, elle écrivit à Cannes : « Je suis si heureuse de la grande et bonne nouvelle du décret obtenu sans altération de nos constitutions que j'éprouve le besoin de venir m'en réjouir avec vous! Je ne cesse de remercier le bon Dieu, et c'est de grand cœur que toutes, ce matin, avant la messe de 9 heures, nous avons chanté le *Te Deum.* Notre-Seigneur devait à Notre Mère cette compensation pour toutes ses épreuves, et à vous aussi, ma Mère chérie, mais il était le maître cependant de nous la refuser! Je trouve qu'il nous montre ainsi qu'il nous aime et qu'il nous veut telles que nous sommes puisqu'il nous approuve et nous bénit par son représentant ici-bas. L'œuvre de Notre Mère est maintenant établie sur la pierre ferme, sur *le roc.* »

Puis, rappelant le Chapitre général qui allait avoir lieu et les fêtes du *Jubilé* pour le cinquantième anniversaire de la fondation : « Chère Mère, quelle belle fête cet été, surtout si vous allez mieux!... N'est-ce pas que vous serez heureuse de revoir vos anciennes filles, et parmi elles je me compte, car je suis tout à fait *vôtre,* vous le savez; je reste toujours votre petite Térèse d'autrefois, et je vous aime comme la personne qui a fait le plus de bien à mon âme. »

Belle et touchante amitié, sans déclin comme les choses immortelles!... Mais la chère Mère se faisait illusion sur une santé qui lui était si précieuse. Elle ne devait plus revoir qu'au ciel celle qui avait été l'inspiratrice, le guide et le soutien de sa vie religieuse. Le 3 mai, on recevait à Bordeaux la dépêche suivante :

« Cannes, 2 mai, 11 heures soir.

« Mère Térèse-Emmanuel au ciel! »

Ce fut le coup de la mort pour la Supérieure de Bordeaux, déjà si fortement atteinte. Sa douleur fut immense; on la vit pleurer de longues heures sans pouvoir arrêter le cours de ses larmes. « Elle ne cessait, disent les notes, de nous parler de la sainte Mère que nous avions perdue, relisait ses instructions du noviciat, ses lettres, rappelait ses enseignements, ses vertus, vivait et nous faisait vivre plus que jamais avec elle. » Souvent les larmes étouffaient sa voix : « Ne la pleurons pas, disait-elle alors, levons les yeux au ciel; c'est là qu'il nous faut désormais la chercher en attendant d'aller l'y rejoindre. » Le 4 mai une messe de Requiem fut chantée dans la petite chapelle de Bordeaux, et trente messes furent dites pendant tout le mois de Marie pour le repos de l'âme de Mère Térèse-Emmanuel. Tous les jours à 5 heures un quart du matin, Mère Térèse du Sacré-Cœur fit le chemin de la Croix pour sa chère Mère

Ce petit détail que nous trouvons dans les notes de Bordeaux nous montre que la Supérieure avait repris peu à peu toute l'observance de la règle. Pendant l'hiver de cette dernière année de sa vie, elle se levait toujours à 5 heures et arrivait habituellement une des premières à l'oraison : c'était une de ses dévotions. Le jour de Pâques surtout, elle voulait être Madeleine et adorer la première Jésus-Christ ressuscité. A cette dernière fête de Pâques, elle ne fut que la seconde et en eut un vrai chagrin.

Relativement, l'hiver n'avait pas été très mauvais; mais elle avait outrepassé ses forces, le médecin le constatait et on se rappelait ce mot de la Supérieure générale à une de ses visites à Bordeaux : « La seule plainte que l'on m'ait faite de Mère Térèse, c'est qu'elle ne se ménage pas assez; c'est fort édifiant, mais elle ne durera pas, si elle continue. » Ce pressentiment n'était que trop vrai, le mal minait sourdement la pauvre Mère. « Son zèle de la perfection religieuse l'a tuée, » a dit une sœur. La mort de Mère Térèse-Emmanuel porta le dernier coup; c'était trop pour une nature si impressionnable et si fortement ébranlée. « Nous trouvions Notre Mère si fatiguée, disent les notes, que nous sentions qu'il fallait la laisser se reposer, lui parler peu, lui éviter toute fatigue; mais la première communion était fixée au 4 juin : vingt-cinq enfants à préparer ! ...Comment priver Mère Térèse de cette joie?... La cérémonie eut lieu le jour de l'octave de la Fête-Dieu. Après une matinée de douces, mais réelles fatigues, la Mère voulut suivre la procession du Saint-

Sacrement ; la chaleur était accablante. Tout le monde fut frappé de son abattement, de ses quintes de toux continuelles. »

Le lendemain, on lui souhaita sa fête — sa dernière fête du Sacré-Cœur sur la terre ! — puis vinrent les examens, les prix. Mère Térèse se donna aux enfants, aux parents, comme elle savait se donner. De midi à trois heures, elle resta au parloir, mais elle était si faible que chacun disait en la voyant : « La pauvre Mère est à bout de forces, c'est son dernier effort !... » A 3 heures, il fallut céder au mal ; elle rentra dans sa chambre appuyée sur le bras de son infirmière : « Ma tâche est finie, dit-elle, c'est fini,... fini... »

Un point de côté qui la faisait souffrir depuis trois jours avait tellement augmenté qu'à huit heures du soir, on fut obligé d'appeler le médecin. C'était une bronchite jointe à une névralgie intercostale. Le 28 juillet, Mère Térèse donnait dans son lit le bonnet de postulante à une ancienne élève de Bordeaux et lui adressait quelques paroles fort touchantes : « Par quelles souffrances Dieu me fait acheter cette vocation ! » dit-elle. Mais notre chère Supérieure savait maintenant souffrir. L'amour de Jésus-Christ et l'amour des âmes lui avait révélé cette science qui fait les saints. Elle n'était occupée qu'à ne rien perdre des mérites qu'elle pouvait acquérir et faisait même le sacrifice d'aller à Auteuil pour le Chapitre général et le Jubilé de l'Assomption, si Dieu le voulait.

Une nuit, elle vit en songe Mère Térèse-Emmanuel

les mains chargées de perles magnifiques : « Ma
Mère, qui a mis ces perles à vos doigts? — Ce sont les
souffrances, mon enfant. » Et la malade se réveilla
toute joyeuse. « Ma sainte Mère sait que j'ai besoin
d'apprendre à souffrir, dit-elle; elle me l'apprendra...
je souffrirai encore... je suis tombée maintenant, je ne
me relèverai plus. »

La Révérende Mère générale crut devoir rappeler
Mère Térèse à Auteuil pour le Chapitre qui allait
avoir lieu. Notre chère Supérieure quitta donc Bordeaux avec le pressentiment qu'elle n'y reviendrait
plus. C'était le 23 août. Elle fit ses adieux à la chapelle
où elle avait reçu tant de grâces, à ses filles si aimées
et cacha son émotion afin de pouvoir dominer celle
des autres, car les sœurs n'espéraient plus la revoir.

On trouva la Mère bien changée à son arrivée à
Paris, bien gravement atteinte. Elle put cependant
prendre part aux fêtes du Jubilé et assister à toutes
les séances du Chapitre général où elle fut nommée
Conseillère : « J'étais venue à Auteuil pour mourir, et
voilà maintenant qu'il faut vivre!... » dit Mère Térèse,
tout étonnée de cette nomination. On pensait qu'une
année de repos à Paris pourrait l'aider à reprendre
des forces, et qu'elle rendrait comme Conseillère de
grands services à la Congrégation par son esprit religieux, son jugement droit et son bon sens pratique.

Mais les vues de Dieu ne sont pas les nôtres, la
maladie marchait, faisant des progrès effrayants. Le
docteur Peyrot jugea une nouvelle opération nécessaire; il fallait élargir la plaie, c'était une blessure

nouvelle sur une blessure ancienne. Mère Térèse l'accepta généreusement : « La plaie de saint François d'Assise, dit-elle, était une plaie d'amour, la mienne est une plaie d'obéissance »

Le docteur avait fait attendre sa décision pendant plusieurs jours, ce qui donnait à la malade le mérite d'un plus grand abandon; elle le comprit et écrivit gaiement aux sœurs de Bordeaux le 16 septembre : « Mon cher docteur, qui ne doute évidemment pas du parfait abandon dans lequel doit être toute religieuse, a déclaré que l'examen de vendredi ne suffisait pas et qu'il en fallait un second mardi prochain. Que dira-t-il? Je n'en sais vraiment rien, et je me tiens, autant que je peux, dans la sainte indifférence. C'est ce qu'il faut que vous fassiez toutes, ce sera une excellente préparation à la bonne retraite que va vous prêcher le Rév. Père C.. J'arrange les emplois de l'année prochaine dans ma tête, préparez-vous à tout bien accepter. »

Le 17, la Mère ajoute : « Demain sans doute, nous saurons notre sort, c'est le cas de chanter le cantique de l'abandon. » Le lendemain, l'opération est décidée : « Le bon Dieu a parlé par la bouche de mon docteur, et demain il doit ouvrir encore la plaie de mon côté. Je vais offrir mes petites souffrances de ces jours-ci pour que la retraite soit vraiment sanctifiante pour toutes. J'offre aussi à Notre-Seigneur le sacrifice de ne pas vous aider pendant cette retraite. C'est la volonté de Dieu, cela suffit. »

L'opération devait donc avoir lieu le 19 septembre dans la matinée. Mère Térèse s'était levée à 8 heures pour aller prier à la chapelle. Sa visite à Notre-Seigneur se prolongea longtemps : *Prolixius orabat*. Depuis plusieurs jours, toutes les fois qu'elle entrait à la chapelle, elle entendait une voix intérieure qui lui disait : « Accepte, accepte. » — « Je pourrais bien entendre cette parole en restant dans la chambre, » disait-elle en riant. Mais aujourd'hui, la voix était plus retentissante, le sacrifice à faire, plus immédiat. Mère Térèse l'unit à celui du divin Maître et rentra calme dans son infirmerie où elle se recoucha pour attendre le docteur. Il arriva vers onze heures, fut accueilli par un sourire et les plus aimables remerciements. Pendant que M. Peyrot l'endormait, elle ne cessait de lui dire : « Merci, Monsieur, merci ; » et à moitié endormie, elle disait encore : « J'entends ce que vous dites, je pourrais vous tromper, mais il faut être loyale avec les médecins et leur dire la vérité. » L'opération, faite avec talent, dura à peu près une demi-heure et réussit très bien. La patiente en se réveillant souriait encore au médecin, le remerciant avec effusion : « C'est une nature angélique, disait celui-ci, quelle admirable douceur et quel courage!... »

Trois jours après, Mère Térèse écrivait à ses filles de Bordeaux : « J'ai passé trois jours sur la croix avec Notre-Seigneur ; aujourd'hui je suis un peu soulagée. Notre-Seigneur a voulu mettre sur mon côté une nouvelle empreinte ; on dit que ma plaie ressemble tout à fait à la sienne. Je suis entourée de bontés qui me touchent et les lettres de Bordeaux me consolent aussi ; je tâche de me tenir dans l'abandon et de redire avec saint André : *Bona Crux*. Je vais être unie à vous dans la souffrance pendant la retraite. Comme les desseins de Dieu sont insondables! Je ne croyais pas être venue à Paris chercher une nouvelle opération et un traitement pire que l'ancien. Merci à toutes des prières : je ne m'inquiète de rien et je compte sur la bonne volonté de chacune. Je donne mes petites instructions à la sœur qui va partir; elle vous portera ma bénédiction la plus maternelle. » Et dans une autre lettre dictée le 25 septembre : « Les nouvelles de ma santé sont bonnes, mais il faut le temps, la patience et la souffrance avant la guérison. »

Au fond, c'était pour rassurer les sœurs que Mère Térèse parlait ainsi, car elle ne se faisait pas illusion sur son état. Le lendemain de l'opération, elle avait dit à son infirmière : « Je ne crois pas guérir; peut-être traînerai-je encore quelque temps avant de mourir, mais j'ai le pressentiment que je ne travaillerai plus. Je souffrirai, j'en comprends maintenant tout le prix. Oh! que Mère Térèse-Emmanuel m'a donc bien fait comprendre le prix de la souffrance!... »

Ces dispositions de soumission simple, de parfait dégagement n'ont pas changé un instant pendant sa cruelle maladie. C'était une malade aimable, gaie, relevant elle-même le courage de ses infirmières : « Que j'aurais besoin de rire, disait-elle parfois : mais ce sera quand j'irai mieux; pour le moment la plaie est trop sensible. De grâce, ne rions pas encore;... chaque fois que je m'oublie sur ce point, c'est comme si une épée m'entrait dans le côté. »

La nouvelle plaie provoqua de douloureuses complications. Ce furent d'abord des névralgies qui la privèrent de sommeil : « J'ai passé une bien mauvaise nuit, écrit la Mère à la suite d'une de ces crises ; rien de grave, mais une foule de misères qui rendent les heures longues. J'ai bien prié pour vous toutes cette nuit. Vous ne pouvez vous imaginer à quel point Notre Mère est bonne. Elle voudrait que je ne souffrisse plus ; mais le bon Dieu a ses vues, et je sens que pour le moment, c'est mon emploi. Les médecins cherchent tout ce qu'ils peuvent pour me soulager. Je ne dis rien de mes infirmières, vous les connaissez. Avec leur permission, je gémis un peu en dictant cette lettre, le temps de rire n'est pas encore arrivé. Tout le monde prie pour moi ; j'espère au moins que, si mon corps n'en profite pas, mon âme en profitera. Bon courage pour la rentrée. »

L'âme se sanctifiait en effet par la double vertu de la souffrance et de l'obéissance ; Mère Térèse du Sacré-Cœur, devenue d'une docilité admirable, était comme un petit enfant avec Notre Mère et avec son infirmière qui disait, les larmes aux yeux : « Je n'ai jamais connu de plus charmante malade ; on fait d'elle tout ce qu'on veut, elle n'a plus de volonté et ne résiste jamais. »

C'est au moment des repas que cette obéissance devenait héroïque. On voulait qu'elle prît de la nouriture pour se soutenir : « C'est un travail plus pénible pour moi, disait-elle en riant, que de casser des pierres sur la route, mais l'obéissance rend tout méritoire. » A chaque cuillerée de potage, la lutte recommençait entre la volonté et l'estomac : « Non, je ne céderai pas à la répugnance, je mange par obéissance, je compte sur vous, mon Dieu! » Et lorsque ses efforts étaient inutiles, l'estomac rebelle ne voulant rien garder : « Cela m'avait pourtant beaucoup coûté à prendre. O mon bon Maître, comme vous me traitez! Vraiment quelquefois vous m'étonnez; je fais ce qu'on me demande par obéissance, et puis cela ne sert de rien. On dit cependant que l'Épouse doit s'appuyer sur son Époux, et vous me jetez par terre... Enfin, il ne faut pas se plaindre, puisque tout cela sert pour l'éternité. Mon Dieu! conservez-moi seulement la patience. »

Le bon Dieu la lui conservait merveilleusement, cette patience qui est appelée dans nos saints Livres l'œuvre parfaite, *opus perfectum.* « Votre Mère est un ange de patience, écrivait l'infirmière aux sœurs de Bordeaux. Son pauvre corps est sur la croix, ses os la font cruellement souffrir, mais elle n'a qu'une seule préoccupation, ne pas perdre un iota des mérites de ses souffrances; elle prie beaucoup, et pendant la nuit on l'entend appeler Notre-Seigneur par des aspirations ardentes. Depuis quelque temps, elle nous fait l'impression d'un vrai saint François d'Assise, tant elle paraît affaiblie par la souffrance : c'est la victime du Sacré-Cœur. Avant-hier, je l'entendais murmurer tout bas : « O Jésus! mon unique amour, quand arrêterez-vous votre bras? vous me faites bien souffrir... mais tout ce que vous voudrez. O mon Dieu! comme on peut mériter lorsqu'on souffre, faites que je n'en perde rien. » Puis, se retournant vers moi, elle me dit : « Donnez-moi mon Christ; lorsque je vois ses gros clous, cela me donne du courage. »

Une souffrance plus douloureuse encore et plus intime devait être imposée à Mère Térèse. Celle-là touchait son âme et la privait de son unique consolation. Jésus dans l'Eucharistie pouvait seul lui apporter joie et secours, et comme elle ne semblait pas en péril prochain de mort, on ne pouvait pas lui donner la sainte communion en viatique ; d'un autre côté, il était impossible de la laisser toute une nuit sans rien prendre. Elle s'en plaignait doucement : « Pourquoi refuser Notre-Seigneur à ceux qui souffrent ? J'ai tant besoin de lui !... »

M. l'abbé Jaugey — le très regretté aumônier de l'Assomption d'Auteuil — ne put se résigner à laisser plus longtemps la sainte malade privée de la grâce de la communion. Il offrit de lui porter le bon Dieu à minuit : ce fut pour la Mère une immense joie. « J'aurai ce soir le bonheur de recevoir Notre-Seigneur, écrit-elle à ses sœurs, le 3 octobre. M. Jaugey a cette grande bonté : jugez si je lui en suis reconnaissante et si je suis heureuse !... C'est justement aujourd'hui que se termine la retraite de Bordeaux, je déposerai toutes vos résolutions aux pieds de Notre-Seigneur. » Puis elle ajoute aimablement, avec un peu de malice : « Je disais ce matin à mon infirmière que j'allais sans doute avoir du répit maintenant que la retraite est finie et que les sœurs ne résistent plus à la grâce. »

Le soir, toute joyeuse, Mère Térèse dirigeait elle-même les préparatifs qui devaient transformer en chapelle sa chambre de malade. Sa figure pâle avait repris son expression habituelle, plus douce encore, presque rayonnante. « — J'espère que vous aurez une bonne nuit —, lui dit une sœur en la quittant. — Oh! elle sera toujours bonne, puisque Notre-Seigneur viendra. — Vous allez avoir le bonheur de communier pour la fête de Saint François d'Assise; j'aime tant sa pauvreté! il pouvait dire en toute vérité : *Deus meus et omnia.* — Et moi j'aime ses plaies, » répondit Mère Térèse en touchant la plaie de son côté.

Plusieurs fois, elle eut le bonheur de communier à minuit; mais cela ne pouvait durer longtemps, et le mal faisait d'ailleurs des progrès assez rapides pour qu'il devînt nécessaire de lui parler de la mort et de l'y préparer. On lui proposa de recevoir l'Extrême-onction, afin de pouvoir communier plus souvent, en viatique. Mère Térèse accepta avec reconnaissance; mais elle comprit tout de suite ce que voulait dire ce viatique divin : l'Époux céleste venait à elle pour la conduire dans l'éternité.

La journée du 12 octobre se passa dans les doux transports de l'espérance : « J'ai fait le sacrifice de ma vie, c'est fait!... Récitons maintenant le *Magnificat.* » Et tandis que ses sœurs le récitaient près d'elle, sa figure s'illuminait d'une joie toute nouvelle, les ardeurs des séraphins s'étaient allumées dans son cœur : « Il y a, dit-elle, un cantique qui commence par ces mots : Reine des Cieux, plus de tristesse;... je voudrais m'en souvenir pour le chanter maintenant. » Elle reçut l'Extrême-onction avec de grands sentiments de piété, de contrition profonde, d'amour de la croix et d'abandon à la volonté de Dieu. « Oui, disait-elle, Dieu est ma force. Qu'ils sont à plaindre ceux qui ne servent pas le bon Dieu! Je prie et je souffre pour tous ceux qui ne l'aiment pas. Je sais qu'il m'aime, puisqu'il me donne la souffrance, et il me semble que je l'aime aussi. Oh! oui, je l'aime!.... » Une consultation eut lieu dans l'après-midi de ce même jour. Les médecins, bien que trouvant l'état désespéré, prescrivirent un traitement qui prolongerait un peu la vie, si l'estomac pouvait le supporter. Ils encouragèrent donc la malade, lui donnant l'espoir de guérir si elle se nourrissait.

Le soir, le traitement était commencé avec le plus grand entrain. Mère Térèse mettait comme toujours toute sa volonté dans l'obéissance, elle était très gaie et faisait rire ses infirmières en résumant ainsi sa journée. « Vraiment cette journée a été bien fatigante, j'ai passé par des états si différents!... Souffrance, tristesse, visite de M. Jaugey, acceptation complète de la mort... puis l'Extrême-Onction, la communion, grandes grâces!... ensuite, consultation des médecins... et ce soir, essais pour me guérir... J'ai renouvelé je ne sais combien de fois le sacrifice de ma vie du plus profond de mon âme, M. l'abbé m'a dit que j'en aurais le mérite chaque fois que je le renouvellerais, je l'ai fait autant que j'ai pu. »

Dans cette journée si remplie, Mère Térèse avait trouvé le temps de dicter la lettre suivante adressée à l'Assistante de Bordeaux : « Je sens que vous souffrez toutes avec moi, et je sens aussi que vos bonnes prières m'enveloppent de toutes parts ; continuez, car la croix est lourde et ma faiblesse est extrême. La nuit a été pénible, mais une grande consolation me l'a fait oublier. Notre-Seigneur est venu, Roi plein de douceur, pour calmer toutes les amertumes!… je suis donc très contente aujourd'hui et je sens bien moins mes souffrances. Mère M. W. vient me voir souvent : ses visites me font l'effet des visites de mon Ange Gardien; vous jugez si je l'ai invitée à la fête de ce matin. »

Mère Térèse ne dit pas quelle était cette fête, elle ne parle pas de l'Extrême-Onction, de peur d'attrister les sœurs de Bordeaux; mais toujours aimable et s'intéressant à tout, elle ajoute : « M. Peyrot est venu, il a fait un pansement qui n'était pas plein de charmes; i' .ne dit toujours : mangez, mangez, comme si c'était facile. Mon cher docteur veut absolument que je guérisse, il y met son honneur, mais il n'est pas le bon Dieu. Continuez à me donner des nouvelles du pensionnat, cela m'intéresse. Les Enfants de Marie peuvent reprendre leur ruban. Qu'on donne aux élèves une petite récréation pour sainte Térèse, et prenez-la aussi. Ce sera la première fête de sainte Térèse après le départ pour le ciel de Mère Térèse-Emmanuel. »

Pendant cette dernière période de sa maladie, le souvenir de la Mère vénérée qui avait formé son âme à la pratique de toutes les vertus religieuses reparaissait sans cesse. C'était comme l'ange de la dernière heure. « Je pense à elle nuit et jour, disait-elle; la nuit surtout et je m'étudie à lui ressembler dans la souffrance. Si nous réussissions à l'imiter, nous serions bien parfaites… Je sens qu'elle travaille mon âme, elle la connaissait si bien! Quant à mon corps, elle ne fera rien pour lui; tout ce qu'elle veut, c'est que j'accepte la souffrance. Oh! non, je ne crois pas qu'elle me guérisse, elle ne m'obtient que des grâces spirituelles, me faisant aimer la Croix et m'aidant à la porter. »

« Mère Térèse Emmanuel me fait tous les jours mieux comprendre que la souffrance est un don précieux, écrivait-elle encore le 2 novembre aux sœurs de Bordeaux. Le ciel sera bien bon après cette vie d'épreuves, et j'ai passé la journée d'hier en compagnie des saints. Il me semblait les entendre me dire que les souffrances étaient bien peu de choses en comparaison de tant de gloire. J'ai tiré pour pratique : *Bienheureux les cœurs purs*, et *les Anges et Archanges* pour modèles. »

Dans cette maladie qui se compliquait de douleurs si aiguës, il y avait parfois quelques adoucissements : Mère Térèse en profitait pour dicter ses réponses aux lettres de Bordeaux. Administration matérielle, organisation des études, direction spirituelle des sœurs, elle pourvoyait à tout avec une lucidité d'esprit et une précision qu'une malade ne peut conserver sans une grande force d'âme. « Lorsque vous m'enverrez le montant de vos notes de trimestre, écrit-elle à son économe, mettez celui de l'année dernière, afin que je puisse comparer. » Puis elle écrit aux sœurs converses qu'elle suit dans leurs différentes occupations :

« Auteuil, 15 novembre,

« Chères sœurs, je ne vous oublie pas; j'ai fait moi même la liste de vos emplois au commencement de l'année, de sorte que je sais très bien où trouver chacune de vous. Je vois notre chère dépensière ranger avec grand soin ses pommes ou ses marrons, courir après ses chiens ou ses poules. Je vois la portière venir en se frottant les mains annoncer une nouvelle élève; puis je monte faire une visite à la sœur lingère occupée à préparer sa leçon d'ouvrage. Je redescends à la cuisine voir à son fourneau notre bonne cuisinière, j'entends la petite voix d'Yvette et les doux cantiques de Cyrille. Je suis tout essoufflée lorsque j'arrive là-haut trouver les couturières ou repasseuses. Enf.., heureusement que je fais ces courses en esprit; sans cela, je rendrais l'âme à la fin de ma visite. Je vous recommande à toutes de ne pas être malades en mon absence; puis je désire que vous soyez bien fidèles au silence, c'est le moyen de garder la charité et de rester très unies à Notre-Seigneur. »

Vers la fin de novembre, une nouvelle épreuve vint assaillir la pauvre malade. Ses yeux devinrent très douloureux, et la lumière perdit pour elle sa clarté. On la plaignait de ce surcroit de souffrance, mais, toujours gracieuse, elle répondait : « Cela me distrait. Lorsqu'on est depuis longtemps dans les mêmes douleurs, cet état devient monotone; on n'est pas fâché d'avoir autre chose à penser. » Puis, reprenant le ton vrai de la situation : « Il me semble que je n'ai plus qu'un quart de vie... Si c'était permis maintenant, je me laisserais mourir. Oui, si Notre Mère le permettait, rien ne serait plus facile; je ne ferais plus de pansement, je ne me forcerais plus pour me nourrir. Vraiment, le bon Dieu ferait une grande charité de me prendre vite. Je veux bien souffrir, mais je ne m'en sens plus la force, j'arrive à n'en pouvoir plus... O mon Dieu! si vous voulez que je meure, je le veux bien aussi... je crains de perdre la patience... » Mais la patience, comme la douleur, s'alimente d'elle-même et se renouvelle par l'exercice qu'on en fait; et puis, Dieu est là avec sa grâce.

C'est pendant ces rudes souffrances que Mère Térèse commença à comprendre pleinement la signification de la parole qu'elle avait prise dans son anneau à sa Profession : *Pone me ut signaculum super cor tuum,* Jusque-là peut-être elle n'avait pas compris quel était ce sceau divin qui devait être imprimé sur son cœur; mais la lumière grandissait avec les souffrances, et, de jour en jour, elle devenait plus savante dans la science de la croix.

« Nous avons sous les yeux un modèle achevé de patience, disait la Révérende Mère générale dans le chapitre du 25 novembre 1888. Si Mère Térèse du Sacré-Cœur nous offre en ce moment un si grand exemple, c'est que, pendant toute sa vie, elle a travaillé à acquérir cette vertu de patience qu'elle pratique aujourd'hui si admirablement; elle s'est toujours étudiée à supporter sans se plaindre ce pauvre corps misérable qui ne lui a guère apporté que des souffrances, et c'est par la générosité soutenue de ses efforts qu'elle est arrivée à ce haut degré de vertu. »

Dans une autre instruction, la Révérende Mère, parlant aux sœurs de l'amour des saints pour la souffrance, ajoutait : « Et vous, mes sœurs, comment les acceptez-vous? Comment les embrassez-vous? Les recevez-vous comme les reçoit en ce moment une religieuse modèle, Mère Térèse du Sacré-Cœur? Voyez ce qu'elle est vis-à-vis des souffrances extraordinaires qui la saisissent dans toutes les parties de son corps et en font une vraie martyre. Pour porter ainsi de telles souffrances, il faut les aimer surnaturellement, avoir un grand amour pour Notre-Seigneur, une grande union à sa volonté et être arrivée à un complet renoncement à soi-même. »

I 25 novembre, on commença une neuvaine à la Sainte Vierge par l'entremise de Mère Térèse-Emmanuel à qui on demandait de prier pour la guérison de sa chère fille. Celle-ci dit en confidence à son infirmière : « Je ne le dirai qu'à vous, mais je n'ai aucune confiance dans cette neuvaine : je le sais, ma guérison n'intéresse pas du tout Mère Térèse-Emmanuel; elle ne s'occupe que de mon âme, de la manière dont je prends la souffrance, elle voit bien que c'est le meilleur. » Et dans une lettre écrite au crayon à une sœur de Bordeaux : « Je ne sais ce que Dieu veut faire de moi, je ne croyais pas qu'on pût sur la terre autant souffrir. C'est un rude chemin, mais tout y est mérite, et la foi nous le fait aimer. La neuvaine se fait. Que m'obtiendra-t-elle?... je n'en sais rien. Je suis là près de Notre-Seigneur, et ne veux rien autre chose. Je sens que Mère Térèse-Emmanuel prie beaucoup pour mon âme; pour mon corps, j'en doute. Ce pauvre corps est sur la croix, mais je tâche de tenir mon cœur en haut. »

La neuvaine s'acheva sans amener d'amélioration, ni même de soulagement; Mère Térèse n'en fut pas surprise, elle écrivit aux sœurs de Bordeaux : « Vous avez trop voulu ma guérison pour le 8, voilà pourquoi vous êtes si déçues. Il faut attendre le moment du bon Dieu et être plus abandonnées. La Sainte Vierge veut peut-être faire la chose sans éclat; prions-la, sans volonté. Tenons nos cœurs en haut, c'est le moyen qu'ils ne soient jamais tristes. »

Comme elle était généreuse et que sa couronne devait être très belle, Dieu lui demanda encore un détachement douloureux. Mère Madeleine de Jésus, sa cousine, sa sœur et son amie, allait quitter Auteuil pour se rendre à Nice. La séparation était pénible dans un pareil moment; mais les deux religieuses firent leur sacrifice avec une touchante simplicité. « Bénissez-moi, dit Mère Madeleine en s'approchant du lit de la mourante. — Non, c'est à vous à me bénir, répondit celle-ci; » et elles s'embrassèrent en se bénissant l'une l'autre, se donnant rendez-vous au ciel. « Ainsi donc, chère petite Mère, vous n'assisterez pas à mon bienheureux trépas?... » ajouta Mère Térèse, souriant au milieu de ses larmes.

La vie disparaissait devant la pauvre malade qui reçut bientôt l'indulgence de la bonne mort. M. l'abbé Jaugey, profondément édifié de l'union de cette âme avec Dieu, la voyait monter de jour en jour vers une perfection plus haute; et son bon docteur, M. Malhéné, ami dévoué de l'Assomption, était ravi de sa douceur, de sa patience et de son courage : « Qu'on est heureux, disait-il d'avoir une foi qui fasse dominer un pareil martyre ! » Quant à ses infirmières, elles étaient touchantes de dévoûment et d'affection : « Vraiment, on a le cœur tout rempli de tendresse pour la chère Mère quand on la voit si douce et si simplement abandonnée à travers de si longues souffrances, écrit l'une d'elles. On ne peut pas imaginer une malade plus énergique ; elle est le soutien de celles qui l'entourent. S'il fallait la voir découragée et souffrir si longtemps, on ne pourrait pas résister. Nous ne cessons de remercier le bon Dieu des grâces qu'il lui accorde, car il faut un secours bien particulier pour supporter avec un tel calme un martyre si prolongé. Notre Mère est bien triste de la voir tant souffrir, mais bien consolée de son angélique patience. »

Cependant le ciel approchait, et Mère Térèse voyait venir avec joie la fin de son exil sur la terre. La soif de la Patrie céleste s'était allumée dans son âme, on l'entendait dire sans cesse : « Venez, Seigneur Jésus, venez !... ô ciel, que je te désire !... » C'était le cri habituel de son cœur. « Je ne demande pas de ne plus souffrir, mais qu'après ce soit le ciel !... » Et elle répétait avec amour la parole de saint Augustin : « Éprouvez, Seigneur, les forces de celui qui lutte encore, mais qu'après le travail vienne son prix, votre éternelle jouissance. » Toujours naïve, elle ajoutait : « Je serai la première au ciel après le Jubilé, j'irai retrouver Mère Térèse-Emmanuel et je le lui raconterai. » L'attente augmentait chaque jour et l'amour devenait plus intense : « Non, je ne veux plus vivre, je ne dé-

sire plus le travail, mon corps est brisé par la souffrance
Et puis, j'ai assez de la terre, je veux aller au ciel!... »

« Tarderai-je encore beaucoup à voir le Paradis?
demanda-t-elle un soir à son infirmière. — Encore
un peu de temps, chère Mère; mais, dès que le bon
Dieu vous prendra, ce sera le ciel, car vous faites ici
votre purgatoire. — Croyez-vous? dit-elle avec cette
expression charmante qui lui était particulière. —
Certainement, car vous avez l'amour parfait; vous
aimez tant Notre-Seigneur! vous acceptez si bien les
souffrances qu'il vous envoie. — Oh! oui, de tout
mon cœur. J'aime sa volonté, j'aime sa croix : *O bona
Crux!* c'est elle qui nous ouvre le ciel!... »

La Révérende Mère générale venait souvent dans la
journée voir sa chère fille; elle ne lui parlait plus
maintenant de guérison, mais du Paradis qui allait
s'ouvrir, de Dieu qui allait la recevoir dans ses bras.
« Chère Mère!... qu'elle est donc bonne! s'écria
Mère Térèse à la suite d'une de ces visites; elle m'a
dit qu'elle avait bien désiré ma guérison et tout fait
pour cela, mais qu'à présent elle ne veut plus me retenir et me laisse au bon Dieu qui m'appelle au ciel.
Elle m'a dit encore, ajouta doucement la malade, que
Notre-Seigneur lui a pris cette année une Térèse bien
fidèle et qu'il lui en demande une autre qui lui était
bien fidèle aussi. — Quelle consolation pour vous,
reprit l'infirmière, de penser que vous avez toujours
été pour Notre Mère un repos et une joie! » Un ravis-
sant sourire fut sa réponse, et le visage de la mourante
rayonna de bonheur.

Toujours préoccupée de sa maison de Bordeaux,

Mère Térèse, redoutant l'impression que pourrait produire la nouvelle de sa mort si elle n'était préparée, dit aux sœurs qui l'entouraient : « Il est temps qu'on sache à Bordeaux que je suis bien malade; je ne voudrais pas que mes chères enfants fussent trop saisies en apprenant tout d'un coup la gravité de mon état et ma mort. » C'était le 20 décembre. Mme de Foucault, avertie de son côté de l'imminence du danger, revenait auprès du douloureux chevet. Pauvre mère!... quel sacrifice Dieu lui demandait en ce moment!... mais admirable dans sa résignation, elle adorait la volonté de Dieu et lui donnait sa fille une seconde fois.

Le lendemain, 21 décembre, était le jour marqué par la Providence pour consommer le martyre de la douce victime. Dès le matin, Mère Térèse du Sacré-Cœur voulut écrire à ses filles de Bordeaux pour leur donner une dernière bénédiction. « J'ai encore un petit reste de force, dit-elle, profitons-en. » Sa lettre, écrite au crayon et de sa propre main, laisse deviner sans le dire tout ce qu'éprouve son âme dans ce dernier adieu :

« Mes chères sœurs, je suis bien, *bien* fatiguée par une toux qui a commencé à minuit et qui ne semble pas vouloir céder; mais j'ai besoin de vous écrire, car si votre cœur est près du mien, le mien est bien près des vôtres en ce moment..... *Je vous bénis toutes tendrement*, et promets à chacune de vous que son nom sera toujours dans ma pensée, dans mon cœur; je connais tous vos besoins spirituels, je les exposerai à Notre-Seigneur.

« Sœur Térèse du Sacré-Cœur. »

A midi, les grandes angoisses commencèrent, la malade prononça le mot d'agonie... agonie lente, pénible, la respiration devenait de plus en plus difficile. Vers 3 heures, on lui apporta le saint viatique qu'elle reçut avec une angélique ferveur. Cette fois, c'était bien l'Époux divin qui venait chercher son épouse pour la conduire aux noces éternelles. Il ne restait plus à Mère Térèse que quelques heures à passer sur la terre. Sa poitrine de plus en plus oppressée laissait échapper un petit cri plaintif.

La Révérende Mère générale était là, près de son lit, lui suggérant des prières, des actes d'espérance et d'amour, et la chère agonisante donnait des signes de son adhésion et priait sans cesse. Ses souffrances redoublant d'intensité, elle les offrait pour l'Église, pour la Congrégation, pour sa mère, sa famille et sa chère maison de Bordeaux. Ses regards s'attachaient avec amour sur une petite statue de Notre-Dame de Lourdes placée tout près d'elle. La Sainte Vierge avait toujours été son espérance, et elle l'invoquait à cette heure dernière, comme la Mère de miséricorde, la vraie porte du ciel : *Mater misericordiæ, Porta cœli;* puis elle pressait le crucifix sur son cœur et murmurait tout bas les noms de Jésus et de Marie.

Plus Mère Térèse approchait de la délivrance, plus son âme, prête à s'échapper, s'unissait à Dieu dans un élan suprême de foi et d'amour : on eût dit qu'elle voyait le ciel. C'est qu'en effet tout était fini pour elle : les choses transitoires avaient passé, l'éternité allait s'ouvrir, et Dieu, son unique amour, allait devenir son partage : *Pars mea Deus in æternum.*

Vers 11 heures du soir, une pâleur mortelle se répandit tout à coup sur son visage. C'était le signal du départ. — « Voici l'Époux, mon enfant ; Jésus vient vous chercher. » Alors Mère Térèse du Sacré-Cœur se souleva sur sa couche, étendit les bras, et dans un transport d'amour, avec un accent impossible à décrire, elle s'écria trois fois : « Venez, Jésus !... venez !... oh ! venez vite !... » Puis elle retomba sur son lit, sa main dans la main de Notre Mère, et la tête penchée de son côté, comme si elle l'écoutait encore. Un calme ineffable succéda à l'expression douloureuse de son angélique figure : son âme était partie pour les régions célestes. *Migravit ad Sponsum.*

Le cœur brisé de douleur, la Révérende Mère générale s'approcha avec respect de la sainte dépouille, embrassa son enfant et lui ferma les yeux. Le lendemain, lorsqu'on voulut essayer de la consoler, la vénérée Mère répondit : « C'est une perte immense pour la Congrégation ! Mère Térèse du Sacré-Cœur aurait continué notre œuvre, elle en avait l'esprit et toutes les traditions ; je puis bien dire qu'entre elle et moi il n'y a jamais eu un nuage. » C'était un beau et noble témoignage : nous ne pouvions l'omettre ici.

Les religieuses vinrent prier près de celle qui s'était doucement endormie dans le Seigneur ; sa pauvre mère, son frère qu'elle aimait tant pleurèrent longtemps près de ce lit de mort transformé en autel : des cierges brûlaient, des fleurs répandaient leur parfum, des couronnes étaient placées à ses pieds. L'expression de Mère Térèse était ravissante, une auréole de paix et de bonheur l'enveloppait tout entière. Elle semblait nous dire : « Ne pleurez pas, *les légères souffrances du temps m'ont acquis un poids éternel de gloire.* » Et nous pouvions ajouter avec la Sainte Écriture : « *L'affliction des justes a été courte et leur récompense sera éternelle. Dieu les a éprouvés comme l'or dans la fournaise et il les a reçus comme une hostie d'holocauste.* »

« Voilà votre chère Mère au ciel, elle est partie comme en triomphe, écrivait aux sœurs de Bordeaux celle que Mère Térèse appelait son ange gardien. Les souffrances des deux derniers jours ont été indicibles, mais son courage n'a pas faibli. Nous n'avons pas entendu son dernier soupir, mais au moment de la mort, son visage s'est illuminé, ses yeux ont brillé d'un éclat céleste : on eût dit qu'elle voyait Dieu. Ne soyons donc pas tristes, chères sœurs, remplissons nos cœurs de la joie spirituelle, grâce de ce beau temps de Noël. La chère Mère ne souffre plus, elle est heureuse, elle est au ciel. Courage et confiance, c'est la parole qu'elle disait sans cesse pendant sa maladie; ce sera votre devise pour l'année qui commence au milieu de tant de larmes. »

Il est dit dans nos saints Livres que la mémoire du juste fleurira éternellement. *O quam pulchra est casta generatio, cum claritate! immortalis est enim memoria illius, quoniam et apud Deum nota est et apud homines.* Nous pouvons appliquer ces paroles à notre chère Mère Térèse du Sacré-Cœur, et s'il n'est pas permis de louer ceux qui sont encore dans la voie, il nous est doux de recueillir les témoignages d'estime, de vénération, de reconnaissance et d'amour qui de tous côtés nous sont parvenus lorsque la vénérée Supérieure eût quitté ce monde de douleurs pour entrer dans la joie de son Dieu. Des lettres pleines de sympathie et de regrets furent adressées aux couvents d'Auteuil et de Bordeaux; tous ceux qui avaient connu Mère Térèse, les pauvres qu'elle avait secourus, les enfants qu'elle avait élevées, leurs familles reconnaissantes, et plus particulièrement les ecclésiastiques qui, dans leurs rapports avec elle, avaient pu apprécier la noblesse de son caractère et la droiture de son jugement, tous lui rendaient le plus touchant hommage.

Le Rév. Père C., son directeur, qui mieux qu'aucun autre savait la valeur de cette âme d'élite, écrivait : « Mère Térèse du Sacré-Cœur avait grandi sous l'action religieuse. Douée de qualités naturelles réellement exceptionnelles, elle les avait tournées vers Notre-Seigneur qui avait été l'âme de sa vie. C'est de cette façon qu'elle est devenue cette religieuse remarquable que nous avons connue. »

Monseigneur l'Archevêque de Bordeaux disait aussi par l'intermédiaire de son Vicaire Général, M. l'abbé Fallières, actuellement évêque de Saint-Brieuc : « La mort de Mère Térèse du Sacré-Cœur nous cause un profond chagrin. Dès le premier moment, j'avais conçu une haute idée de votre excellente Supérieure, et n'ai cessé d'admirer depuis ses hautes et aimables vertus. Mgr l'Archevêque me charge de vous exprimer toutes ses sympathies à l'occasion d'un si grand deuil. Dieu a voulu récompenser et couronner sa fidèle servante ; pour elle, c'est bien beau ! pour nous, il est triste de l'avoir perdue et de songer que nous ne la reverrons plus qu'au ciel. Il y a là pourtant, dans cette espérance des réunions éternelles, une immense consolation. »

« J'apprends le sacrifice que vient de vous imposer la divine Providence, écrivait aux religieuses de Bordeaux M. l'abbé Simon, vicaire général de Luçon. Vous avez perdu en Mère Térèse du Sacré-Cœur la plus aimée, la plus vénérée des mères ! C'est une des âmes les plus suaves, les plus charitables, les plus parfaites que Dieu m'ait fait rencontrer. Tout en elle était grâce exquise et attrayante piété... Quelle perte vous avez faite, mais quelle protectrice vous avez au Ciel !... Sa mort est pour nous un douloureux mystère, pour elle un mystère glorieux ! »

Le 24 janvier 1889, une messe solennelle fut célébrée à Bordeaux pour le repos de l'âme de Mère Térèse du Sacré-Cœur. Toutes les anciennes élèves, les parents des enfants, tous les amis de la maison se pressaient dans la petite chapelle du couvent, et bien des larmes coulèrent pendant le discours de M. l'abbé Gervais qui rappela en quelques paroles éloquentes et vivement senties la vie et les vertus de la regrettée Supérieure. L'orateur les résumait en trois points : « Elle eut, dit-il,

« Toutes les saintes amabilités qui font aimer la vertu ;

« Toutes les vertus que Notre-Seigneur aime à trouver dans ses Épouses ;

« Toute l'action et le dévouement nécessaires au succès de la mission qui lui avait été confiée. »

Puis, citant un passage de saint Bernard qui lui semblait, disait-il, mieux convenir à l'humble Supérieure de Bordeaux qu'au grand archevêque d'Armagh : « Sur tout son corps, c'était comme un rayonnement de beauté spirituelle. Son visage resplendissait d'une lumière qui venait non de la terre mais du ciel. Dans ses yeux se lisaient une pureté angélique et une simplicité de colombe. Si grande était la beauté de son intérieur, que cette beauté rejaillissait vivement au dehors en manifestations sensibles, et que de cette accumulation de pureté au dedans, résultait pour son extérieur lui-même comme une magnifique auréole de grâce (1). »

A chaque commentaire des paroles de saint Bernard : « Mes enfants, disait l'orateur, ne reconnaissez-vous pas là votre Mère ? »

Un mois après, le 24 février 1889, une autre cérémonie moins solennelle, mais plus touchante encore, réunissait les religieuses autour de la Révérende Mère générale venue à Bordeaux pour présider elle-même à l'installation de la nouvelle Supérieure. La voix la plus autorisée allait se faire entendre ; il n'est

(1) Apparebat in carne ejus gratia quædam spiritualis. In vultu fulgebat claritas non terrena sed cœlestis. In oculis angelica quædam et columbina simplicitas radiabat. Tanta erat interioris *ejus mulieris* pulchritudo, ut evidentibus quibusdam indiciis foras erumperet, et de cumulo internæ puritatis gratia copiose *perfusa mulier* quoque exterior videretur.

pas d'éloge funèbre valant celui-là ; aussi ces paroles ont-elles été religieusement conservées : on y sent la délicatesse et le cœur d'une mère :

« Mes chères filles,

« En venant au milieu de vous au moment où vous avez perdu Mère Térèse du Sacré-Cœur et où je vous amène la Supérieure qui doit la remplacer, je n'ai pas la pensée de faire cesser vos regrets, ni de détruire vos souvenirs, et ce n'est pas non plus la pensée de celle que j'ai choisie pour être chargée de cette maison. Je veux remettre sous vos yeux les qualités de la Mère qui n'est plus au milieu de vous et vous rappeler les grands exemples qu'elle vous a laissés afin que vous vous efforciez de les suivre. Les vertus que Mère Térèse du Sacré-Cœur a pratiquées provenaient toutes de l'amour qu'elle avait pour Notre-Seigneur : amour généreux, humble et zélé.

« C'était un amour généreux. Vous avez toutes vu comme moi avec quelle ardeur elle désirait faire le plus de bien possible. Vous l'avez vue malade, se soutenant à peine, surmonter d'extrêmes souffrances, pour vous servir avec affection et fidélité. Elle avait à cœur le bien de votre maison, de vos âmes ; nous qui étions autour de son lit, nous l'avons entendue dire bien des fois : Il serait facile de se laisser mourir, mais il faut vivre pour Jésus-Christ.

« Elle voulait vivre pour travailler,... travailler pour vous, pour cette maison de Bordeaux qu'elle aimait tant et qui m'est chère aussi. Elle trouvait encore assez de force pour vous donner un conseil, vous aider dans vos difficultés, vous envoyer ces petits mots que vous avez entre les mains et qui sont comme son testament. Vous savez combien elle aurait voulu faire de vous une communauté modèle, le bien qu'elle désirait à vos âmes. Chacune de vous peut-elle se rendre ce témoignage qu'elle a répondu à tout ce que la Mère demandait d'elle? Vous pleurez, mes chères filles, ce serait peu si je faisais seulement couler vos larmes et si vous ne vous portiez pas à faire pour Dieu des choses fortes et généreuses à l'exemple de celle qui vous a tant aimées !

« L'amour de Mère Térèse pour Notre-Seigneur fut aussi un amour humble. Elle ne s'appuyait en aucune façon sur elle-même et se reposait de tout sur Notre-Seigneur. C'est sur lui qu'elle comptait pour gouverner sa maison et faire du bien aux âmes; elle priait sans cesse, consultait Dieu pour toutes choses. C'est son amour pour Jésus-Christ qui l'avait rendue humble, car naturellement, la Mère avait de la décision, un bon jugement; elle était sage et prudente et c'est à elle que vous devez ce qu'il y a de bon dans la Communauté et le pensionnat; elle aurait donc pu s'affirmer, mais elle ne s'affirmait pas, son autorité était humble et dépendante. Vis à vis de moi, Mère Térèse a toujours été une fille très tendre. Elle disait en toutes circonstances : « Notre Mère est de cet « avis... Je vais demander à Notre Mère,... je la con- « sulterai,... j'attendrai sa décision... » Elle vous a laissé là un grand exemple, car dans la vie religieuse, il faut toujours s'abriter derrière l'obéissance.

« Enfin, Mère Térèse avait pour Notre-Seigneur un amour zélé : elle voulait le donner aux âmes. Parmi celles qui m'écoutent, une seule d'entre vous peut-elle dire que Mère Térèse n'a pas fait tout ce qu'elle a pu pour la faire avancer, la corriger de tel défaut, lui faire acquérir telle vertu? Elle a été zélée jusqu'à la sévérité quelquefois; mais le motif qui la faisait agir devait bien lui faire pardonner cette sévérité apparente. Croyez-vous que dans l'Éternité, vous ne la remercierez pas du zèle qu'elle a eu pour votre avancement? Vous lui en serez alors bien reconnaissantes, mes filles, et vous l'êtes déjà. Elle avait aussi du zèle pour la sanctification des enfants, et beaucoup de patience, parce qu'elle aimait leurs âmes; sa fermeté était accompagnée d'une affection profonde et véritable. On ne résiste pas à cette influence qui vient du cœur, surtout les Bordelaises qui sont très sensibles à la bonté, à la pensée qu'on veut leur faire du bien. Un zèle généreux et humble, voilà ce qui fait du bien, mes sœurs.

« Vous devez donc, à l'exemple de votre Mère, être des âmes de zèle et de dévoûment, pratiquer généreusement la vertu, observer parfaitement vos règles, tendre de plus en plus à l'union avec Notre-Seigneur par la prière et l'obéissance. C'est ce que Mère Térèse du Sacré-Cœur a désiré pour chacune de vous, pendant qu'elle était sur la terre; c'est ce qu'elle demande pour vous au ciel. »

APPENDICE

Cette notice n'était pas encore achevée, lorsque la Providence vint elle-même lui fournir le plus poignant et le plus édifiant épilogue.

Le 11 octobre 1893, Guy-Marie-Charles-Saint-Ange de Foucault, neveu de mère Térèse du Sacré-Cœur, s'endormait dans le Seigneur, à l'âge de sept ans et demi. Sa mort a été précieuse entre toutes devant Dieu; précieuse à tel point qu'on ne put s'empêcher d'y reconnaître la mystérieuse intervention de la tante vénérée, accourue sans doute au-devant du cher mourant, pour s'asseoir invisiblement à son chevet, et, avant de l'emporter, faire descendre un moment sur lui les plus douces clartés et tous les charmes du ciel.

Comment expliquer autrement les merveilles de cette agonie, l'extraordinaire essor de cette âme d'enfant, les intuitions pénétrantes de sa foi, la maturité étrangement précoce de ses derniers sentiments, la puissance de l'attrait surnaturel qui le ravissait à la terre? Oui vraiment, c'était bien la rencontre de ces deux âmes sur le seuil de l'éternité, que Dieu a daigné nous donner en spectacle, et par là il nous garantit d'une manière sensible la prédestination de l'une et de l'autre.

Le récit de la dernière maladie et de la mort de l'angélique enfant appartient donc à la biographie de Mère Térèse, et doit être comme le premier rayon de sa gloire posthume. Le voici, tel qu'il a été écrit par le père lui-même, M. le comte de Foucault, dans la première effusion de sa douleur. Vous le lirez et relirez, comme je l'ai lu et relu moi-même;

et, j'en suis sûr, à chaque fois vos yeux comme les miens se mouilleront de larmes, et vous bénirez Dieu qui accomplit en ses saints toutes ces merveilles : *Fecit mirabilia in sanctis suis.*

« Lorgerie, 25 novembre 1893.

« Monsieur le curé,

« J'ai eu l'honneur de vous écrire dernièrement que je vous enverrais quelques détails sur les derniers moments de mon cher petit Guy. Ils ont été accompagnés de circonstances si touchantes, la divine Providence y est intervenue d'une manière si ostensible et si émouvante que vous lirez, je pense, ce court récit avec quelque intérêt.

« Ma chère sainte sœur a dû veiller du haut du ciel sur cette petite âme d'enfant et obtenir de Dieu les grandes grâces qu'Il lui a envoyées.

« Guy est tombé malade le 19 février, quinze jours après la mort de la mère de ma femme, une sainte elle aussi, et dont les derniers mots avaient été : « Que la volonté de Dieu se fasse sur la terre comme au ciel. » Après quatre mois de luttes infructueuses contre le mal, nous nous décidâmes à emmener le pauvre enfant à Arcachon, où l'état s'aggrava lentement, mais d'une façon continue. Les médecins ne nous laissaient pas d'espoir, et ne s'étonnaient que d'une chose, c'est que ce petit être si affaibli conservât encore une si grande force de résistance. L'appétit était nul, les souffrances vives, mais l'intelligence, la mémoire et la netteté d'esprit, loin de diminuer, semblaient s'affirmer de jour en jour. Guy avait toujours été très pieux, mais son caractère était assez difficile ; du jour de notre arrivée à Arcachon, il devint au contraire d'une douceur charmante, mais d'une tristesse qui vous fendait l'âme. Il avait grand désir d'aller à Lourdes. « La sainte Vierge m'a dit qu'elle me guérirait si j'y allais, papa. » Les médecins et les prêtres que nous consultâmes nous le déconseillèrent ; le pauvre petit serait sans doute mort en route. Alors ne pouvant y aller lui-même, il m'y envoya et quand je revins de mon court pèlerinage, il se lava avec l'eau que je rapportais, puis avec une foi touchante : « Papa, me dit-il tout bas, peut-être que maintenant je vais pouvoir marcher »; depuis six mois il n'avait pas pu poser un pied par terre. Nous essayâmes, en le soulevant, de le faire marcher. Hélas! une crise affreuse fut la conséquence de cet effort. L'âme vaillante du cher enfant ne souligna pas cette cruelle déception. Seulement de ce jour-là il ne nous reparla plus de Lourdes, ni de sa guérison. C'est à partir de ce moment, je crois, que l'idée de la mort commença à entrer dans son esprit.

« Peu de jours après, le médecin le trouvait assez mal pour nous engager à faire venir sans tarder sa grand'mère, puis à lui faire faire sa première communion. Il n'avait que sept ans et demi, mais le bon Père de la Couture, curé d'Arcachon, et le Père Lachau, du collège Saint-Elme, qui venaient souvent nous voir, jugèrent que ce petit cœur angélique était assez bien préparé pour recevoir le corps de Notre-Seigneur Jésus-Christ, et que son intelligence était assez ouverte pour comprendre ce grand acte et apprécier cette incomparable faveur. Nous l'y préparâmes, sa mère surtout, de notre mieux; et le 17 août, le Père de la Couture entra dans la petite chambre toute ornée de fleurs et de lumières, et apporta le Bon Dieu à notre fils bien-aimé. Les jours précédents il disait encore : « Mais je suis trop petit pour faire ma première communion » ! N'était-ce pas le *Domine non sum dignus*, qui s'échappait spontanément de ces lèvres enfantines? Ce que fut cette touchante cérémonie, vous le comprenez sans peine. Le cher petit premier communiant était dans son lit, un brassard frangé d'or au bras, un cierge à la main, très pâle, un peu ému, mais souriant au bon Jésus qui venait prendre possession de son âme blanche et pure.

« Après la première communion l'Extrême-Onction.

« Il suivit tous les détails de l'administration de ce sacrement avec un recueillement, et en même temps avec une présence d'esprit complète. Dans la journée, nous fîmes la rénovation des vœux du baptême et la consécration à la sainte Vierge en chantant des cantiques avec lui. Dieu nous octroya ce jour-là même une grande grâce en nous envoyant l'aumônier de l'Assomption de Bordeaux qui lui apporta la bénédiction du Souverain Pontife.

« Nous croyions que le cher enfant n'avait plus que quelques jours, quelques heures peut-être à vivre. Dieu voulait encore le faire souffrir pendant près de deux mois, et épurer davantage, si cela était possible, cette chère âme, sans doute pour lui ménager là-haut une place plus glorieuse.

« Une très légère amélioration suivit la première communion, mais bientôt la faiblesse s'accentua et les souffrances, provenant surtout des écorchures de ce pauvre petit corps qui n'avait plus littéralement que la peau et les os, redoublèrent. L'enfant parlait sans cesse de sa grand'mère, d'un de ses oncles mort dix-huit mois auparavant, d'un petit cousin de neuf ans enlevé l'hiver dernier. Ceux qui n'étaient plus semblaient l'attirer et remplir sa pensée. Le 18 septembre, il commença à parler de la mort sous une forme particulièrement touchante, qui ne nous a été révélée, suivant son désir, que le 1er janvier suivant. Prenant à part l'institutrice de ses sœurs, il lui dit : « C'est bien loin encore le jour de l'an... je n'aurai pas d'étrennes cette année... je ne serai plus là... Est-ce que la petite Anna pourra parler tout à fait? Eh bien, vous lui direz de dire ce jour-là à papa et à maman que je ne les oublie pas. J'aurais pu dire cela à une de mes tantes, mais elle l'aurait redit. Vous, vous ne ferez la commission que le jour de l'an, n'est-ce pas? » Ce fut le 20 septembre qu'il me dit pour la première fois de sa voix si douce et si pénétrante : « O papa, je voudrais mourir! je souffre trop. »

« Quelques instants après il le répétait à sa mère en ajoutant : « Je veux aller retrouver grand'mère. »

« Le lendemain, il demanda sa grand'mère de Foucault et ses petites sœurs, comme s'il avait le sentiment de l'approche de la mort et le désir de leur dire adieu : « Je voudrais mourir, répéta-t-il à plusieurs reprises, je veux aller voir le bon Dieu. » Et comme nous lui disions qu'il le recevrait une seconde fois le surlendemain : « Oh! je ne peux pas attendre jusque-là. » Le Père Lachau devait venir lui donner l'absolution le lendemain. « Pas demain, c'est trop tard, je veux le voir ce soir, tout de suite. » Nous envoyons chercher le bon Père qui arrive à 9 heures du soir, et donne au petit pénitent l'absolution et l'indulgence *in articulo mortis*. Quelques jours auparavant il lui avait donné le scapulaire, et l'avait fait recevoir du Rosaire.

« Pendant toute la soirée du 22, il ne cessa de dire : « Je veux m'en aller, mon Dieu, prenez-moi... Venez me chercher, Jésus, emportez-moi avec vos anges dans votre beau ciel... Je ne peux pas rester, je suis fatigué d'être sur la terre. Papa, priez le bon Dieu qu'il vienne me prendre. » Le 23, il recommence dès le matin à demander à Dieu de venir le chercher. « Je prierai pour vous dans le Paradis », disait-il. Et comme le curé d'Arcachon devait venir lui apporter la sainte communion : « Puisque le bon Dieu vient ici, il faut qu'il m'emmène avec lui. » Ce n'était pas encore ce jour-là que Dieu devait l'exaucer. Il le reçut avec une foi profonde et un calme, une sérénité qui contrastaient avec la profonde tristesse de tous ceux qui l'entouraient. Le 23 au soir, le 24 au matin, il continue à demander la mort : « Je sens que Jésus veut de moi et Il ne vient pas me prendre... J'ai peur... — De quoi, mon chéri? — De rester sur la terre... Oh! Il est trop long à venir, le bon Dieu... Allez le chercher, papa. » Comme on lui disait qu'il aurait une belle récompense là haut : « Oh! comme elle est longue à venir! et je suis si pressé!... Mon couteau de nacre, papa, vous le donnerez à la petite Anna (sa filleule) quand je ne serai plus là et qu'elle sera assez grande... Où m'enterrera-t-on?... Non pas guérir, mourir, je ne veux *que ça*. Je veux monter, monter là haut. Descendez me prendre, mon Dieu... Je sens que Jésus m'appelle... Il m'appelle... appelez-le... oh! priez qu'il vienne tout de suite. » Et tout cela de sa voix douce, claire, calme, précise!

« Le 24 au soir, de 9 à 10 heures, nous passons près de lui une heure à jamais inoubliable. Il nous avait tous demandés autour de son lit, sa grand'mère, ses tantes, les domestiques. Sa cousine était partie le matin pour Lourdes : « Que faut-il demander pour toi à la sainte Vierge? » lui avait-elle dit. « Oh! que je meure bien vite. » Quand nous avons tous été réunis, le cher ange nous a tenus suspendus à ses lèvres inspirées en nous transportant tous dans les plus sublimes sphères du surnaturel. Sa petite voix nette et tendre articulait sans aucune hésitation et dans une forme étrangement belle les pensées qui lui venaient d'en haut : « Le bon Dieu m'appelle... oh ! je suis heureux qu'il m'appelle... appelez-le... pourquoi tarde-t-il ?... — C'est que la route est longue du ciel à la terre. — Oh ! quand on a des ailes !... Il faudra m'arranger comme grand'mère. Tout de suite, maman. »

« Je veux monter, mon Jésus, monter, monter, monter ! Je fais ce que je peux pour ne pas me plaindre... Mais je n'ai plus la force d'avoir du courage... Quand sera-ce, mon Jésus, que vous enverrez un ange pour me faire monter ? Comme il est long à venir, le bon Dieu !... Que faire en attendant ?... Je suis prêt, tout prêt... Quand vous allez en voyage, maman, vous savez quand vous partez ? pourquoi ne sais-je pas quand je dois partir ? Dites-le moi, mon Dieu, dites, dites. Mon Dieu, venez me guérir... en m'emmenant là-haut. Quand je serai là-haut, je serai guéri. Tout de suite, tout à fait. Oh ! je suis pressé, très pressé de m'en aller. Je suis fatigué de la terre. La terre me fait mal... je ne peux plus rester. » Et sa maman lui demandant : « M'aimes-tu toujours ? — Oh ! oui, mais je veux m'en aller, je ne peux pas rester... je veux bien vous emmener... Maman, ajoute-t-il, je donnerai mon rosaire à papa, pour qu'il soit pareil à nous,.. à mes sœurs des chapelets. » Et tout à coup, comme dans un songe : « Il me semble que je les ai vus... Oui, j'ai vu un petit garçon et puis un ange. »

« Le 25 septembre, les élans de Guy vers le ciel recommencent : « Jésus, ouvrez-moi la porte. — Mais c'est saint Pierre, lui dit-on, qui a les clefs du Paradis. » Alors, après un silence de quelques instants : « Saint Pierre, ouvrez vite la porte, afin que je passe. Vais-je attendre longtemps ? Vais-je attendre longtemps à la porte ? Maman, suis-je bien en face ? Suis-je loin du ciel ? Quand donc entrerai-je ? oh ! je voudrais entrer... Si le bon Dieu me parle, est-ce que ce sera tout haut ? est-ce que vous l'entendrez ?.. J'aurais voulu voir mourir quelqu'un. Ai-je les mains froides ? — Non, pourquoi ? — Parce que je serais plus près de la mort. Mon Dieu, que votre volonté se fasse sur moi... que je souffre comme vous voulez... Aidez-moi à porter ma croix... je ne suis pas assez fort pour porter ma croix. Je suis fatigué d'être sur la terre. Il y a trop longtemps que j'y suis... » Et comme on lui dit : « Sois patient, mon petit Guy. — Il y a assez longtemps que je le suis. — Mais il faut être très pur pour le ciel. — Oh! je suis bien assez pur. — C'est le jour de naissance de ta grand'mère, tu l'embrasseras pour nous. — Oui, si j'arrive à temps; je l'embrasserai pour tante Louise, pour tante Charlotte, pour l'oncle Charles, pour vous, maman... Attendre! attendre! que faire?.. alors, papa, racontez-moi une histoire. »

« Le cher petit redescendait sur terre et congédiait son monde.

« Le soir, il redemande le père Lachau. On lui avait dit qu'il le reverrait le lendemain. « Oui, si je ne suis pas parti. » Le Père lui redonne l'absolution et l'indulgence du Rosaire. Le 27 au matin : « Papa, vous ne me verrez bientôt plus qu'en ange. »

« Il promit 5 francs, que je devrai prendre sur sa tirelire, aux pauvres si saint Antoine vient le délivrer dans la journée; s'il ne vient que le lendemain, 3 fr. 50.

« Le même jour, de 3 à 4 heures, recommençaient les extases des jours précédents. Sa vue est un peu obscurcie; il demande qui est près de lui, se fait détailler les meubles et les divers objets de sa chambre, du salon, des autres pièces qu'il n'a jamais vues; puis peu à peu ses pensées s'élèvent, il parle du ciel.

« Monter, je veux monter... assez, assez de terre, *du ciel*... Je suis fatigué de la terre... j'en suis rempli. Priez Dieu, maman, pour qu'il descende me chercher... Allons, maman, dites : Dépêchez-vous, mon Dieu. — Mais il faut être bien prêt pour aller au ciel, lui dit sa mère. — *Je le suis,* » répondit-il d'une voix ineffable et avec une assurance profondément innocente. Dans la nuit, il murmure à demi-voix : « Je ne veux plus de Purgatoire... du ciel. »

« Le 27, ma sœur, obligée de quitter Arcachon, vient lui dire adieu. « Pourquoi, tante, n'attendez-vous pas que je sois mort pour partir? »

« Les jours suivants, la faiblesse augmente, le changement du pauvre petit martyr est effrayant; une plaie, affreuse à voir, s'étend sur tout son dos; l'intelligence demeure toujours aussi lucide, l'âme aussi vaillante. De temps en temps on l'entend dire : « Le petit Jésus enverra-t-il bientôt un ange pour me chercher?..

Mon bon Ange, emportez-moi : je suis si mal ici, et je serai si bien là-haut. »

« Le croyant endormi, nous récitons le chapelet près de lui ; nous le voyons faire un signe de croix, puis il me tend un rosaire : « Sur celui-là, papa, il est à vous... — Tu veux toujours aller voir le bon Dieu ? — Oh oui ! — Mais s'il voulait te laisser sur la terre ? » D'un petit air résigné : « Eh bien, j'y resterais... »

« Sa grand'mère lui demanda : « Veux-tu prier le bon Dieu de te guérir ? — Non, je le prie de me laisser mourir. »

« De temps à autre des mots charmants pour sa mère, pour moi : « Oh ! c'est si bon d'avoir une si bonne maman auprès de soi. »

« Le 10 octobre, la respiration est de plus en plus gênée, l'abattement de plus en plus grand ; nous récitons près du cher petit lit les prières des agonisants. Le Père Lachau revient lui donner une nouvelle absolution ; l'enfant qui sommeillait reprend connaissance ; quand le Père lui demanda de se repentir de ses fautes : « Oui, répond-il d'une voix nette. — Vous faites le sacrifice de votre vie pour vous et pour vos parents ? — Oui. »

« La journée se passe encore ; il demande à lire de l'histoire sainte ; le médecin n'en revient pas ; il est profondément ému des élans de cette âme candide vers le ciel.

« Le 11, au matin, après une nuit calme, il embrasse encore la croix ; mais il ne peut plus parler. Vers 8 heures, la connaissance commence à l'abandonner ; les yeux sont ouverts, mais ne voient plus que le ciel ; la respiration devient de plus en plus oppressée ; nous récitons de nouveau les belles et touchantes prières des agonisants. Nous ne pouvons que demander à Dieu de lui ouvrir bien larges les portes du Paradis. Peu à peu son souffle diminue, puis s'arrête tout à fait. Notre enfant bien-aimé ne nous appartenait plus... Son âme angélique s'était envolée vers les demeures éternelles.

« Qu'ajouterai-je maintenant ? Nous avons fermé ces yeux adorés qui ne nous voyaient plus ; nous avons enseveli ce petit être tant aimé sur la tête blonde duquel reposaient nos plus chères espérances, nos plus doux rêves d'avenir. Ses petits membres délicats avaient conservé toute leur souplesse, quand le lendemain soir nous l'avons mis en bière. Puis nous sommes venus conduire ces saintes dépouilles dans le caveau de famille, fermé depuis 35 ans, depuis la mort de mon père, qui eût été si fier de son beau petit-fils, et qui ne l'a connu *qu'en ange*.

« C'est en ange aussi que nous nous efforçons de le voir maintenant, Monsieur le curé. Priez Dieu pour que nous sachions supporter cette cruelle séparation, et que nous soyons dignes de nous retrouver un jour auprès de lui !

« Vous voudrez bien excuser cette longue lettre et tous ces détails, Monsieur le curé. J'ai pensé que l'auteur du manuscrit si touchant, consacré à la mémoire de ma sainte sœur, trouverait intérêt à lire le récit bien simple des derniers moments de ce petit neveu qu'elle chérissait entre tous, parce qu'il était mon fils, et qu'il s'est montré digne, j'en ai la ferme conviction, de prendre place à ses côtés dans ce beau ciel qu'il a si ardemment désiré.

« Daignez agréer, Monsieur le curé, l'hommage de mon profond et respectueux dévouement.

« Mis DE FOUCAULT. »

TABLE DES MATIÈRES